KB120819

**돌봄**도
**강남**이다!

강남을 치유하는 의사 강청희

# 돌봄도 강남이다!

**강청희** 지음

비타베아타

이 책의 저자 강청희 대표는 편안한 미래가 보장된 꽃길을 버리고, 생명과 의료를 살리기 위해 항상 최일선에 섰던 행동하는 의사이다. 의과대학을 졸업한 그는 삶과 죽음을 가르는 최일선인 흉부외과 전문의가 되었다. 그 후 그는 대한민국 의료를 살리기 위해 몸을 던졌다. 대한민국 의료의 뜨거운 현장에는 항상 그가 있었다. 이제 그가 우리 사회를 살리기 위해서 나섰다. 돌봄은 우리 사회가 해결해야 할 가장 중요한, 우리 모두의 문제이다. 그의 능력과 열정을 봐 왔기에 돌봄 문제 해결의 희망을 그에게서 본다.

**이진석** | 문재인 정부 청와대 국정상황실장

우리 모두 태어날 때부터 누군가의 돌봄 속에 살아왔다. 이제는 사회서비스라는 협소한 영역에서만 '돌봄'을 생각할 것이 아니라 '돌봄 사회'를 모두 함께 고민해야 할 문제로 바라보는 인식의 전환이 선행되어야 할 것이다. 특히나 급속하게 성장과 변화를 거듭하는 현대 사회에서 '돌봄 정책'은 무엇보다 중요한 어젠다가 되었다. 지역사회 돌봄 사업들이 시행되고 있지만 아직까지 실질적으로 기대한 만큼의 체계가 구축되지 못한 것이 현실이다.

《돌봄도 강남이다!》는 국민을 위한 돌봄 정치를 실현하기 위해 고군분

투해온 강청희 대표의 발자취이자 앞으로 우리 사회 돌봄 정책이 나가야 할 방향을 제시하는 희망서이다. 이 책은 궁극적으로 돌봄 정책이 '우리'에 속하는 사람들을 돌보는 것에서 나아가 진보적인 지방자치와 국가의 공동체를 어떻게 구축해나가야 하는지를 보여주는 길라잡이가 될 것이다.

**이경률** | SCL그룹 회장

행동하는 의사 '강청희'는 고령사회로 치닫는 대한민국에서 의료 분야의 가장 뜨거운 이슈로 돌봄을 꼽았다. 그가 추구하는 돌봄은 의료와 복지를 하나로 묶는 새로운 개념이다. 이를 통해서 '요람에서 무덤까지' 책임지는 'K-돌봄'에 대한 비전을 제시하고 있다.

흉부외과 전문의로 종합병원과 외과의원에서 현장 경험을 충분히 쌓았고, 대한의사협회 상근부회장, 보건소장, 국민건강보험공단 이사, 한국공공조직은행장 등을 거치면서 의료 복지 정책에 다양한 활동 경험을 가진 덕에 우리 의료계가 나아갈 방향을 정확히 제시하고 추진해 나갈 능력을 갖췄다. 그가 가진 노하우가 '입법'을 통해서 우리 사회에 더 쓸모 있게 쓰이길 기대한다.

**조범구** | 전 한국심장재단 이사장, 전 세브란스병원장

# 인간의 존엄을 지키는 일

요즘 가장 많이 받는 질문이 "왜 정치를 하려 하는가?"이다. 간단히 대답하기 어려운 질문이다. 어느 산악인의 이야기처럼 "산이 그곳에 있기에 오른다."는 논리로 답하기엔 의식적, 무의식적 배경이 너무나 복잡하고 심오함을 느낀다. 다만, 독자들이 이 책에서 그 해답을 찾으실 수 있으리라 믿는다.

하지만 분명한 건 하나다. 의사의 직업적 소명은 '존엄한 인간'을 지키는 일이다. '인간의 존엄'에 뿌리를 둔 민주주의 역시 결국엔 한 사회에서 '인간의 존엄'을 실현하는 과정이다. 결국, 의사는 민주주의를 지키는 숭고한 사명을 부여받았다고 할 수 있다. 흉부외과 의사로 진료실을 떠나 좀 더 큰 세상으로 나온 이유가 바로 거기에 있다고 감히 말씀드리고 싶다.

9년 전 한 번 정치에 입문하려 했었다. 그때였다면 "왜 정치를 하려 하는가?"라는 질문에 선뜻 "꿈꿔왔던 보건의료 정책의 실현을 위해 입법과 제도화가 필요해서"라고 모범답안을 냈을 터이다. 그러나 그 세월 동안 생각이 좀 깊어졌다. '꿈꿔왔던 보건의료 정책'이 제아무리 필요하다고 하더라도 그것을 실현할 주체가 올바르지 않다면 사상누각이기 십상이다. 그래서 이제는 "국민을 억압하는 나쁜 권력을 막고, 진정 국민을 위하는 선한 권력을 세우기 위해 출사표를 던진다."고 자신 있게 말씀드릴 수 있다. 정치는 일부 집단의 이익을 위한 위정자의 일방적 통치여서는 안 된다. 정치는 결국 국민의 권력을 올바로 행사하여 국민의 생명과 재산 그리고 안전을 보장하는 포괄적 행위이기 때문이다.

민주주의는 올바른 정치를 통해서만 실현 가능하다고 믿

는다. 좀 더 구체적으로는 "돌봄도 강남이다!"라는 제목처럼 이미 정치, 사회, 경제, 문화의 중심이 된 강남이 돌봄과 복지 역시 가장 앞장서 이끌어가야 한다고 믿는다. 더불어 이 믿음을 반드시 실현할 강한 의지도 가지고 있다.

오늘날 국가의 미래는 저출생·초고령화 문제를 어떻게 해결하느냐에 달렸다. 이를 극복하기 위한 출발점은 국가가 국민을 돌보는 국가 책임을 강화하는 데서 출발한다. 바로 복지국가로 나아가야 하는 이유다. 국민 대다수가 동의하는 문제의식일 것이다. 국민의 기본적인 생활을 보장하는 복지 정책에 있어 '의료와 복지가 하나로 가는 K-돌봄'의 정책 설계와 실행을 위한 노력을 바로 대한민국 서울 강남에서 시작할 생각이다. 강남에서 먼저 K-돌봄이 씨앗을 심고 꽃을 피우고 열매를 맺을 수 있도록 혼신의 노력을 다 쏟아부을 작정이다.

대한민국 헌법 제10조는 "모든 국민은 인간으로서의 존엄과 가치를 가지며, 행복을 추구할 권리를 가진다. 국가는 개인이 가지는 불가침의 기본적 인권을 확인하고 이를 보장할 의무를 진다."라고 규정하고 있다. 이를 현실에서 실현하기 위해서는 모든 국민, 즉 '부자나 가난한 사람이나 모두' 인간의 존엄이 보장되도록 생애주기별로 맞춤형 돌봄이 필요하다. 누구나 출생과 성장, 노화와 사망에 이르는 전 과정에 있어 인간의 존엄성이 보장되도록 국가가 그 역할을 다하는 것이야말로 헌법 정신을 실현하는 너무도 당연한 일이다. 당연하다고 생각하는 상식적인 일이 현실에서 공정하게 진행되게끔 하는 것이야말로 강남구민, 더 나아가 국민을 위한 정치인의 책무라 굳게 믿는다.

강남에 사는 시민들은 우리 사회 전체를 위해 많이 기여하고 있지만, 정작 본인은 그만큼의 혜택을 돌려받지 못한다는 불만을 토로한다. 강남 내에서도 지역별, 계층별 불균형이 심화되어 이해관계도 극심하게 갈리고, 양극화로 불리는 갈등 구조가 고착화돼가고 있다. 교육열에 따른 학군 및 학원 중심의 거주 문제도 해결하지 못하고 있다. 이에 따라 전국의 어느 곳보다 높은 부동산 비용과 세금 문제, 재건축 문제 그리고 주택 노후화 문제는 오랫동안 풀지 못한 숙제이다. 강남을 치유하려는 의사 강청희가 이 책을 통해 그동안 부자동네라는 핑계로 복지 혜택에서 소외된 강남에 새로운 돌봄 복지의 시작을 알리고자 한다.

책을 펴내려는 순간 고마운 분들이 떠오른다. 저자의 머릿속 생각을 이끌어내어 한 권의 책이 되도록 대담을 이끌어

주신 정치평론가 박시영 대표, 저자의 확신을 믿고 이 책을 독자들과 나눌 기회를 주신 출판사 김현종 대표님과 편집 작업을 도와주신 편집진에 감사의 말씀을 전한다. 더불어 부족한 생각과 저자를 믿고 추천의 말씀을 주신 이진석 문재인 정부 청와대 국정상황실장님과 이경률 SCL그룹 회장님, 그리고 조범구 전 한국심장재단 이사장님께 특별히 존경과 감사의 뜻을 전한다. 무엇보다 거리에서 만날 때마다 미소를 보내주시고, 힘내라 응원해주시는 강남구민 여러분과 사랑하는 가족에게 고마운 마음을 전한다.

2023년 12월

강청희

차 례

## 3부 K-돌봄: 의료와 복지가 하나로



## 4부 돌봄도 강남이다!

## 서장

# 행동하는 의사
# 강청희가 만드는 K-돌봄

"천 번 생각하는 것보다 한 번 행하는 것이 낫다"라는 성현의 가르침은 미래 세대에게 희망을 안겨주고 생존을 보장해주어야 할 우리의 책임을 일깨웁니다. 그래서 저는 행동하는 의사의 길을 선택했습니다.

의사라는 직업을 선택한 뒤에 저 역시 병원에서 월급을 받거나 동네 개원의로 지내면서 환자 치료에만 몰두했습니다. 그러나 병원 개업을 하고 흉부외과 의사가 아닌 비급여 진료 위주의 개원 의사로 지내면서 우리나라의 왜곡된 의료 현실을 목격하고 생생하게 체험하였습니다.

몸소 경험했던 의료 현장의 문제점을 조금이라도 해결하기 위해 보건의료 관련 단체와 여러 공공기관에서 보건의료 행정에 참여하고 돌봄과 복지 정책을 설계하고 실행하였습니다. 문제를 그냥 바라보고만 있는 게 아니라 어떻게 해결할지 솔루션을 찾아 실행하는 행동하는 의사였습니다. 이러한 활동을 통해 왜곡된 의료 환경의 개혁과 공공 의료, 돌봄 강화 등 우리 국민의 건강권과 삶의 질을 높이려는 노력을 지금까지 이어오고 있습니다.

## 돌봄 국가를 위해 보건의료 현장 전문가이자 행정가가 나설 때입니다

의사가 공공 의료 현장과 지방자치 행정을 경험하는 일은 흔치 않습니다. 하지만 저는 대한의사협회, 용인시 기흥구 보건소, 국민건강보험공단, 한국공공조직은행 등에서 실무 및 임원진과 조직의 장을 맡아 보건의료 현장 전문가로서 역량을 발휘했습니다. 특히 공공 의료 영역에서 활동하는 동안 우리 사회의 취약한 돌봄과 복지 현황을 살피면서 돌봄 선진 국가로 발돋움할 방안을 여러 각도로 강구했습니다.

보건소장으로서 공공 의료 분야에 발을 들였을 때, 돌봄과 복지를 통합적으로 운영해야만 하는 이유를 확인할 수 있었습니다. 국민건강보험공단에서는 최초의 의사 출신 급여상임이사직을 수행하면서 보장성 강화 정책 실행을 앞장서 추진했습니다. 또 코로나19 극복을 위해 건강보험의 역량을 최대한 끌어올리는 데 3년을 보냈습니다.

한국공공조직은행 은행장으로 재직할 때는 인체 조직 이식재의 채취와 가공, 분배 과정을 통괄하여 죽은 자의 인권과 살아있는 자의 인권을 동시에 지키기 위해 노력했습니다.

○ 행동하는 의사로서 국가 의료 정책에 대해 마땅히 할 말을 아끼지 않았다 / 2015년 메르스 사태 때 〈PD수첩〉과의 인터뷰

이처럼 쉴 새 없이 보건의료 현장 전문가로서 최선을 다하며 대한민국의 공공 의료와 돌봄, 복지 등에서 괄목할 성과를 창출했습니다.

국민건강보험공단에서 일하던 때는 보장성 강화 정책 수행을 위한 급여 업무 전문성을 높이고 업무 영역 확장에 도전해야 하는 시기였습니다. 지급 관리 측면에만 머물러 있던 급여 업무와 보험자가 제대로 참여하지 못하는 수가 결정 구조 등 산적한 난제들을 해결해야만 했습니다. 이때 보건복지부의 역할과 건강보험심사평가원, 국민건강보험공단이 해야 할 업무 영역을 재설계하고 업무 고도화에 초점을 맞췄습니다. 또한, 약가 관리 체계도 새롭게 정립하였습니다.

그뿐만 아니라 공급자와 갈등이 있는 의료기관 지원 업무 수행을 위해 내부 직원을 교육하고 이와 더불어 전문 수사관 채용을 통해 전문성을 높이고 이해당사자의 갈등을 줄이는 효율적인 보험 재정 운용을 할 수 있도록 노력했습니다.

그리고 국민건강보험공단에서 현재의 문제점을 개선하는 데 그치지 않고 미래를 대비하기 위한 사업도 추진했습니다. 예컨대 건강보험 진료 정보와 건강검진 결과 정보를 질병청의 유전체 정보와 연계해 국가 통합 바이오 빅데이터 플랫폼을 구축하는 사업을 추진했습니다. 희귀 질환과 암, 중증 난치 질환 등 다양한 형태의 코호트 연구로 맞춤형 치료 전략을 개발하고, 환자 맞춤형 의료 서비스 제공, 데이터 기반의 새로운 비즈니스 모델과 의료기기 개발 등 보건의료 관련 신산업 발전을 촉진할 전기를 마련하고자 하였습니다.

보건의료 분야에서 활동할수록 취약한 돌봄과 복지를 보완하는 정책에 끊임없는 관심을 가질 수밖에 없었습니다. 그래서 보장성 강화 정책인 문재인 케어의 설계와 시행에도 깊은 관심과 중점을 두고 역할을 수행했습니다.

문재인 케어는 의료 현장에서 국민이 직접 부담하는 의료비를 낮추는 정책입니다. 우리나라는 선진국과 비교할 때 건강보험의 급여 대상이 아닌 비급여 항목이 많아 국민의 실제 의료비 부담이 컸습니다. 3대 비급여인 상급 병실료, 선택 진료 비용, 간병 비용 문제와 필수 의료 관련 항목 등 국민의 요구가 높고 의료비 부담이 큰 항목을 중심으로 신속한 급여화를 추진하였습니다.

이러한 문재인 케어는 보건 정책 수립 과정부터 국민 참여를 보장하기 위해 국민참여위원회를 조직하고 운영함으로써 숙의민주주의를 실현하는 좋은 본보기가 되었습니다. 간

○ 대한의사협회 상근부회장으로 〈100분 토론〉 참여

○ 용인시 기흥구 보건소장 재직 시 집무실에서

○ 공급자인 의사 출신 최초의 국민건강보험공단 급여상임이사

○ 한국공공조직은행장 재직

대한의사협회, 용인시 기흥구 보건소, 국민건강보험공단, 한국공공조직은행 등에서 보건의료와 사회복지 정책을 경험하였다.

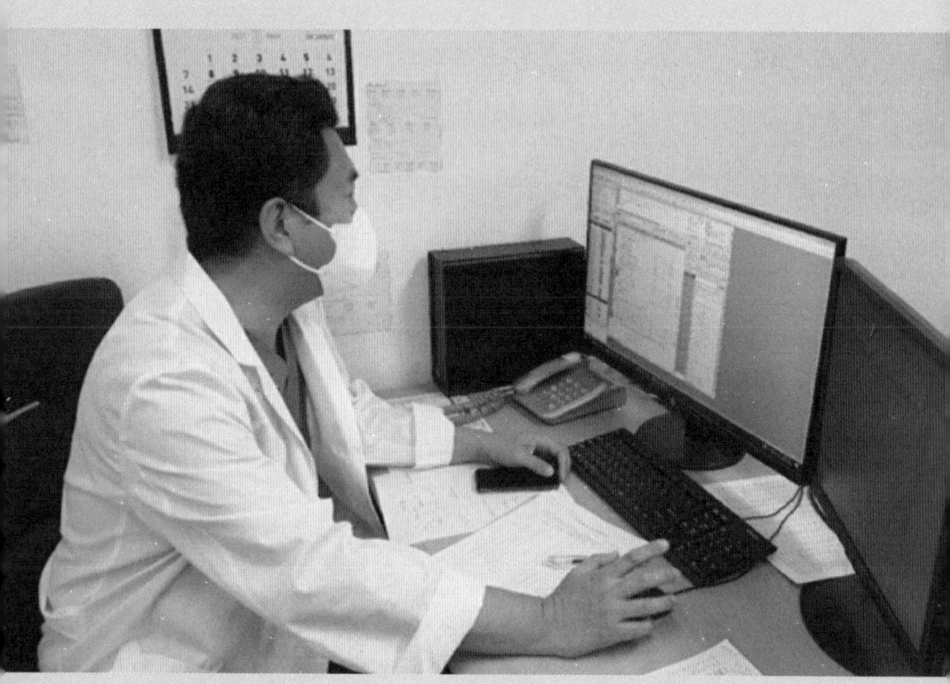

○ 평택박애병원에서 코로나19 진료 지원

호와 간병 통합 서비스, 취약 계층 의료비 부담 완화, 지역사회 1차 의료 중심의 만성 질환 관리 등은 실질적인 보건의료 현장에서 국민이 체감할 수 있는 성과였습니다.

문재인 케어와 더불어 코로나19도 저에게는 돌봄과 복지의 중요성을 다시 한번 되새기는 계기가 됐습니다. 코로나19는 우리나라의 돌봄과 복지의 취약성과 사각지대를 확인하게 하였습니다. 또한, 그 위기를 공공 의료가 어떻게 극복할 수 있는지를 체감할 수 있었습니다. 코로나19는 전대미문의 위기이자 재앙입니다. 코로나19가 한창 번져 나라 전체가 패닉에 빠졌을 때 국민건강보험공단을 비롯하여 공공 의료 분야에서 의료진의 헌신과 국민의 높은 시민의식 등으로 다른 어떤 나라보다 더 모범적으로 위기를 극복할 수 있었습니다.

코로나19 팬데믹을 거쳐 이제 엔데믹을 선언했지만, 앞으로 코로나19 이전의 일상으로는 돌아가지 못할 것으로 보입니다. 전문가와 미래학자들은 뉴노멀을 준비해야 한다고 합니다. 코로나19와 유사한 위기는 언제든지 찾아올 수 있고, 그 위기를 대비해야 하는 막중한 보건의료 과제가 기다리고 있습니다.

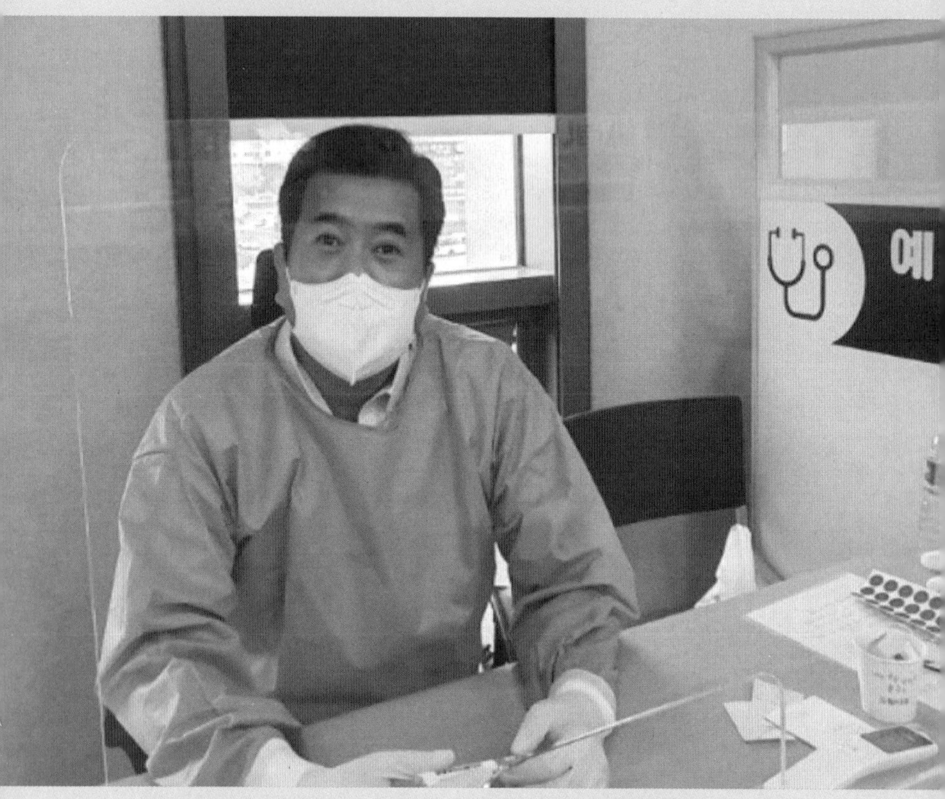

○ 코로나19는 우리나라의 돌봄과 복지의 취약성과 사각지대를 확인하게 하였다 / 용인시 수지구 코로나 예방접종 센터 자원봉사

또한, 국제 경제 위기와 함께 좀처럼 개선되지 않는 국내 경기의 악화는 의료 체계의 위기도 초래할 수 있습니다. 돌봄과 복지의 영역도 더 이상 안전하지 못합니다. 그래서 필수, 중증 진료 분야에 대한 지속적인 투자와 지원, 감염병 관리, 응급 의료 등 수익성은 없지만 공공성이 높은 분야는 적극적인 투자와 노력을 집중해야 합니다.

국민의, 국민에 의한, 국민을 위한 건강보험과 문재인 케어는 돌봄과 복지의 사각지대를 줄여 전 국민이 안심하고 살아갈 수 있는 삶의 터전을 보호하는 것이기도 합니다.

위드 코로나 시대에 선진적인 돌봄과 복지 국가를 건설하기 위해서는 보건의료계에도 발전적 변화의 바람이 필요합니다. 우선 보건의료 정책에서 한계가 있는 직능의 관점에서 벗어나 보다 큰 시각으로 전략을 갖춰야 합니다. 그리고 전문가적 자긍심과 함께 독립적이고 자기 개혁적인 노력을 기울여야 합니다. 의사는 의료계 전문가로서 자율 징계권 확보와 같은 자율성을 적극 길러야 국민의 무한한 신뢰를 받을 수 있습니다.

이와 함께 의료 현장 전문가들의 활발한 정책 참여와 정책 실행을 위한 원활한 소통 구조를 만들고 전문 인력을 양성해야 합니다. 공동의 선에 주목하는 보건의료의 가치에 맞게 직역 이기주의에서도 벗어나야 하고, 정치적 성향을 떠나 오로지 국민의 건강을 추구하는 보건의료 현장을 만들어야 합니다.

이러한 보건의료의 개혁과 더불어 대한민국 보건의료 정책의 지속적인 대안 마련과 방향 제시가 필요합니다. 현장의 살아 있는 목소리가 중요한 정책 과제로 논의되도록 방향을 바꿔주고 제도를 선순환 구조로 변화시키는 모든 과정에서 보건의료 전문인의 역할은 매우 중요합니다.

## 보건의료와 복지 통합으로 돌봄을 완성해야 합니다

공공기관에서 퇴임한 이후로도 저는 행동하는 의사의 역할을 게을리하지 않았습니다. 돌봄 국가를 만들기 위해 우리 사회의 보건의료와 돌봄 현장을 가까이하며 대안 마련에 나섰습니다. 아직도 우리나라는 돌봄과 복지가 취약하기 때문입니다.

대한민국은 OECD 회원국이며, 지난 2021년 7월 유엔무

역개발회의에서 선진국으로 지위가 변경될 정도로 경제적인 성장과 발전을 이뤘습니다. 그런데 돌봄과 복지는 이러한 국가적 위상과 걸맞지 않습니다.

저는 우리나라도 돌봄과 복지의 선진국으로 발돋움해야 한다는 생각으로 2021년에 한국보건의료포럼을 창립하여 대표를 맡았습니다. 보건의료계 현장 전문가뿐만 아니라 보건학자와 관련 직역 관계자들, 시민사회단체까지 포괄하는 회원들의 힘으로 의료 현안에 목소리를 내고 여론을 주도하고 있습니다. 정책 참여와 실현이라는 목표를 이루는 것과 동시에 정책의 감시 기능도 수행하는 중입니다. 보건의료 관련 정책의 개혁과 연속성이 보장될 수 있도록 최선을 다하고 있습니다.

예를 들어 보장성 강화를 위한 보건의료 재정 개혁인 문재인 케어는 보건의료 공급 체계의 개혁으로까지 지속해서 이어져야 합니다. 수준 높은 공공 의료기관의 확충과 함께 민간 의료기관의 공공성 강화가 이루어져야 돌봄과 복지의 수준을 높일 수 있습니다.

특히 인구 고령화에 대응하며 건강보험 지속 가능성을 키우기 위해 추진되어야 하는 지역사회 통합 돌봄도 보건소와 지방 의료원 등 공공 의료기관 중심의 설계와 주도하에 1차 의료기관의 참여가 이뤄져야 합니다. 이를 위해 지역 단위 의료 전달 체계 개선이 함께 이뤄져야 합니다.

공공병원은 표준 진료 및 모델 병원, 지역 거점 공공 의료기관, 국민 건강 증진을 위한 병원, 전염병 및 재난 대비 의료기관, 정책 집행 수단 및 테스트 베드라는 5가지 역할을 제대로 할 수 있는 병원으로 재설계되어야 하고, 이와 함께 지역 중심의 돌봄 기능 수행 업무가 더 추가되어야 합니다.

외국의 사례를 보더라도 공공 위주의 돌봄 정책은 선진적인 의료 시스템이라 할 수 있습니다. 일본은 우리보다 10년 앞서 장기요양보험과 비슷한 개호보험을 도입하였습니다. 지자체를 중심으로 한 지역 단위 포괄 케어 시스템을 정립하고 공공 위주의 돌봄 정책을 시행했습니다. 지역 포괄 케어 관리 시스템을 구축하여 요양과 재활, 시설 서비스 및 탈시설에 필요한 재택과 방문 간호, 간병에 대한 공공과 민간의 조화를 추구하는 관리를 했습니다. 최근에는 건강과 복지 서비스에 대한 빅데이터 시스템을 지역 단위 서비스 제공을 위해 활용하는 등 디지털 시대를 대비한 변화도 모색하고 있습니다.

일본의 케어 시스템은 민간 차원의 노인 요양과 사회복지를 연계하는 모델을 개발하고 적용하는데, 이 또한 기존에 만들어진 공공 인프라를 보완하는 성격으로 발전하고 있습니다. 제도를 도입할 때부터 공공 인프라가 잘 구축되어 있는가 하는 점은 매우 중요한 문제입니다. 돌봄 체계를 공공성 확보를 통한 안정적 기반 위에 안착시킬 것인가 아니면, 민간 위주의 가격 경쟁 체제로 풀어 놓아 결국, 시장 논리에 이끌려갈 것인가 결정되기 때문입니다.

만약 당장 소요되는 공적 비용 부담 문제만을 우려해서 민간 중심의 돌봄 인프라를 먼저 구축하고 나서 나중에 사회적 비용 억제를 위한 관 주도의 관리와 규제를 적용할 때, 또 다시 공급자와 수요자 모두가 불만을 가지는 구조로 가는 새로운 악순환 고리를 만들 수도 있기 때문입니다.

노르웨이는 의료와 요양 서비스를 통합하는 등 돌봄과 복지를 함께 추구하는 선진적인 모델을 운영하고 있습니다. 예를 들어 지자체 단위로 제공하는 1차 의료 역량을 자체적으로 끌어올려 발전시키고, 2차 전문 진료에서 수술 등 처치가 완료되면 입원 요양보다는 자신의 생활 공간에서 재활 서비스를 받을 수 있는 돌봄 요양으로 전환하여 의료와 요양

간의 갈등 요소를 사전에 차단하는 데 노력을 기울였습니다. 또한, 지자체와 지역 보건국의 원활한 정보 공유를 위한 통합 데이터 시스템을 구축하는 등 구조적으로 통합할 수 있는 기틀을 마련하였습니다.

이 두 나라의 사례는 우리가 참고할 만하지만, 곧이곧대로 적용할 수는 없습니다. 조세 구조와 의료 서비스를 위한 예산 적립 등 여러 분야에서 서로 다른 환경이기 때문입니다. 그래서 K-돌봄이 필요합니다.

우리의 상황과 환경에 걸맞은 제도를 마련하여 시행해야 합니다. 예컨대 문재인 케어의 보장성 강화 정책과 함께 치매 국가 책임제라는 큰 화두는 아직 미완이지만 질병을 국가가 책임진다는 시도를 했다는 점에서 높게 평가받아 마땅하며, 앞으로도 적극적으로 계승 발전시켜야 합니다.

치매 국가 책임제는 지역사회 치매 노인과 가족을 지원할 수 있는 서비스와 전달 체계 간 연계와 조정 및 협력이 선행될 때 다양하고 변화하는 욕구에 대응할 수 있는 연속적이고 통합적인 맞춤형 서비스 제공이 가능합니다. 즉 돌봄과 복지의 통합 체계가 구축될 때 가능한 정책입니다.

선진국은 이미 치매 환자 돌봄을 시설 중심에서 지역사

○ 일본은 기존 공공 인프라를 보완하여 민간 차원의 노인 요양과 사회복지를 연계하는 모델을 개발하여 적용하고 있다. 한국도 그 여건에 맞게 복지와 돌봄을 통합한 K-돌봄 시스템을 구축해야 한다 / 일본 노인 개호시설 견학

회나 가정 중심으로 전환하고 있습니다. 지역사회 치매 돌봄 서비스 지원 체계 구축을 통해 치매 환자가 자신의 생활 터전에서 살아가면서 의미 있는 삶을 선택할 수 있는 치매 친화적 지역사회 조성을 위해 노력하고 있습니다.

우리나라도 지역사회 치매 돌봄 지원을 위해 지역 자원끼리 연계와 협력을 강화해야 합니다. 그리고 치매에 특화된 치매 케어 매니지먼트가 시행되어야 합니다. 또한, 치매 환자에 대한 예방적 지원과 치매 대상 돌봄 서비스 지원 확대 및 활성화가 필요합니다. 마지막으로 치매에 대한 인식 개선과 교육도 광범위하고 지속적으로 이루어져야 합니다.

우리나라는 치매 환자 케어를 비롯한 돌봄의 공공 의료가 취약합니다. 과거에 병원이 부족했을 때, 공적 재원을 투입한 공공 병원보다 민간 투자에 의존한 민간 병원부터 키웠기 때문입니다.

복지도 마찬가지입니다. 공적 복지 체계가 미흡하니까 민간이 먼저 들어와서 요양원 등 시설 돌봄을 제공하는 시장을 앞서 형성했습니다. 그래서 공적인 돌봄과 복지보다 민간이 돈을 버는 구조가 만들어져 국민은 결국 비싼 돈을 내고 시설을 이용해야 합니다.

모든 돌봄과 복지를 공공으로 할 수는 없지만, 공적 돌봄과 복지 시스템이 먼저 갖춰져야 합니다. 그런 뒤에 민간이 할 수 있도록 해야 공공 의료, 공공 복지 기반이 더욱 탄탄해집니다. 공공 서비스가 뒷받침되어야 국민의 부담을 덜 수 있고, 질 높은 보건의료와 돌봄, 복지를 모두가 누릴 수 있습니다. 그런데 현 정부는 무턱대고 복지 민영화를 내세울 뿐입니다.

대한민국이 돌봄 국가로 가기 위해서는 넘어야 할 산이 아직도 많이 남아 있습니다. 사회복지 위주의 돌봄을 보건의료와 연계하여 대상자를 발굴하고 사전에 돌봄 대상으로의 진입을 예방하며 어떻게 선제적으로 관리할지에 대한 대안이 마련되어야 합니다. 그리고 이를 위한 재원을 마련하고 관련 법령을 제정하며 제도를 갖춰야 합니다. 특히 지역 단위의 맞춤형 설계를 위해 지역 친화적인 의료와 복지를 연계하는 행정 체계의 개편도 함께 이뤄져야 합니다.

결국, 보건소, 보건지소, 건강생활지원센터, 보건진료소를 재편하여 보건의료 외 사회복지 연계 행정 말단 시스템을 마련해야 합니다. 필요하다면 각 지역의 국민건강보험공단 지사 조직도 연계 활용하는 설계를 할 필요가 있다고 봅니다.

○ 돌봄과 복지를 함께 추구하는 선진적인 모델을 추구해야 한다 /
'지역사회 통합돌봄 비전 공유대회'에서 발언하는 모습

저는 현재 당면한 문제 해결뿐만 아니라 미래의 보건의료와 돌봄, 복지를 위한 정책과 관련하여 신산업 육성도 매우 중요하다고 생각하고 있습니다. 무엇보다 건강-돌봄 데이터의 적극적인 활용이 매우 중요합니다.

이미 건강 정보에 대한 빅데이터를 가지고 있는 건강보험 최종 데이터와 심평원 청구 데이터를 통합하여 지자체 돌봄 현장에서 사회보장 정보원 데이터와 연계하여 제공한다면, 전 세계가 부러워할 건강 돌봄 데이터 체계를 개인별·맞춤형으로 구축하여 제공할 수 있는 유일한 국가가 될 것입니다.

향후 원격 의료에 활용하기 위한 건강 정보 빅데이터를 구축하고 또한 인공지능 기반의 사전 예측 서비스까지 제공할 수 있는 선도적인 국가로 앞서 나가며 세계적인 파급력을 발휘할 수 있습니다. 4차 산업혁명 시대에 돌봄과 복지가 통합된 선진 보건의료 국가로 거듭날 것입니다.

우리나라에 맞는 K-돌봄은 우리가 함께 설계해야 합니다.

과거 국민건강보험공단의 경험을 통해 볼 때, 시민의 참여를 기반으로 한 숙의민주주의 실현의 장을 만들어 소요 재원 문제부터 사회적 합의를 이끌어내야 한다고 생각합니다.

현재 우리나라 건강보험은 조세 개념이 아닌 사회보험 성격으로 의료비 급여에 편중되어 있어 초고령화 시대를 맞아 의료비 지출 증가에 따른 보험료 부담의 급증이 예상됩니다.

반면에 노인장기요양보험의 경우 재원 규모가 작고 의료비를 제외한 요양시설에 지출하는 비용을 주로 감당하고 있는 실정입니다. 그래서 통합 돌봄을 위한 건강보험과 장기요양보험 재원의 통합 운영까지도 제안되고 있는 상황입니다. 여러 가지 난제와 이해관계가 얽혀 풀기 쉬운 문제는 아니지만, 하나씩 풀어나가야 합니다. 여기에는 조세 재정인 중앙정부 예산과 지방 예산의 투입을 위한 안정적 재원 마련을 위한 기금 설계도 반드시 포함되어야 합니다.

재정 못지않게 중요한 문제가 인력 문제입니다. 앞으로 돌봄 인력을 지금과 같은 사회복지 인력으로만 충당 가능한가에 대해 모두 의문을 갖고 있습니다. 직접 서비스 인력과 간접 서비스 인력의 준비가 반드시 선행되어야 합니다.

현장에 방문하여 재택 서비스를 할 수 있는 인력을 추계하여 산출하고 미리 양성하는 일이야말로 정부의 책임입니다. 유감스럽게도 우리는 아직 소요 보건의료 인력 자원에 대한 정확한 추계조차 못 하고 있는 실정입니다. 지난번 간호법 파동과 작금의 의대 증원 문제도 결국 보건의료 인력 정책의 맹점을 보여주는 대표적 사례라고 생각합니다.

향후 돌봄에 소요되는 의료 인력의 축을 어디에 둘 것인지 현 정부가 아직 방향을 못 잡았다는 우려가 듭니다. 어찌 보면, 돌봄에서 아예 의료를 배제하여 생각하고 있는 것인지도 모른다는 불안감마저 듭니다. 이것이 저만의 기우일까요?

K-돌봄에서 가장 먼저 설계되어야 할 부분이 재택 의료와 관련된 영역입니다. 이와 관련하여 방문 진료, 방문 간호의 유기적 결합과 함께 재활, 작업 치료, 정신 및 행동 치료, 약물 복용 문제 그리고 간병까지 서비스 참여 인력의 양성과 계열화를 위한 제도 정비가 시급하다고 봅니다.

'간호 인력 중심 설계인가 아니면 의사 인력 중심 설계인가?'에 대한 심도 깊은 고민 없이, 갑자기 전반적인 인력 증원 문제를 제기하며 풀어가기보다는 핵심적인 소요 인력을 산출하고 중·장기적 충원계획하에 육성하는 것이 더 바람직합니다.

이와 함께 재택 의료 활성화를 위해서는 대상자가 한 곳에 모이는 공동주택 마련부터 홈케어 전문 요양시설 그리고 지역 단위 돌봄 주거 형태의 준비가 필요한데, 아직 그 개념이 정착되지 못해 유감입니다. 여기에 지자체는 사회복지 인력과 영양사, 요양보호사 등 서비스 인력 관리에 대한 사전 준비가 되어 있어야 하는데, 이미 민간 위탁에 익숙해진 시설 관리 수준의 행정력을 지금이라도 한 단계 끌어 올리는 노력이 시급히 요구되는 시점입니다.

우리가 짚고 넘어가야 할 한 가지 중요한 점은, 돌봄을 노령 사회의 치매 환자에만 국한해서 정책 설계를 해서는 안되고 장애인, 거동이 불편한 만성 질환자, 일상 복귀가 어려운 정신질환자, 희귀 난치병 소아 등 질환 영역과 사회복지 서비스 대상자 모두를 아우를 수 있는 정책설계를 해야 한다는 중요한 사실입니다. 부자이건 가난하건 모두 그 대상이 된다는 점을 반드시 전제할 필요가 있습니다. 결국, 보편적 복지의 완성이 K-돌봄입니다.

우리는 모두 소중한 가족이 불의의 사고로 혹은 말기 암 환자가 되어 우리 곁을 떠나는 경험을 해보았습니다. 이때 슬픔을 더 크게 키우는 것이 있습니다. 치료 불가 판정을 받고 나면, 운명할 때까지 상급 종합병원에서 요양병원으로 전전하다가 운이 좋으면 한참의 대기후에 호스피스 병동으로 겨우 들어가는 임종의 경험입니다. 환자 본인은 자신의 집에서 임종을 원하는데, 결국 시설에서 임종하고 병원 영안실로 옮겨야 하는 것이 오늘의 현실입니다.

적어도 말기 암 환자의 존엄한 임종을 위한 돌봄 서비스는 반드시 먼저 설계되고 임종 후 장례 서비스까지 연계하여 구축되어야 합니다.

저는 많은 고민 끝에 남들이 안 하면 내가 먼저 한다는 용기로 강남구에 '돌봄과 희망의원'을 개원하기 위한 준비 작업 중입니다. 당연히 위에 말씀드린 돌봄 서비스 연계 1차 의료기관의 모델링을 위한 시범운영을 위해서입니다.

재택 의료와 지역 연계 서비스의 현황과 문제점을 발굴하고 실제 현장에서 부딪혀 해결해나가는 선도 사업을 바로 강남 1번지에서 시작합니다. 이것도 결국 실행하는 의사의 노력 중 하나입니다.

## 강남에서 K-돌봄의 뿌리를 내려야 합니다

돌봄과 복지의 혁신은 개발 논리나 낙수 효과로는 이뤄질 수 없습니다. 시장경제를 등에 업은 자본의 논리로는 개발의

구호만 선명할 뿐입니다. 복지는 요원하고 자칫 국민의 부담을 키우는 시장만 커질 수 있습니다. 우리나라의 현실이 어떤가요? 국민 경제는 세계 10위권입니다. 하지만 국가 재정은 세계 29위 수준입니다. 부유한 나라의 가난한 정부가 우리의 현실입니다.

재정 규모가 작은 정부의 역할은 제한될 수밖에 없습니다. 사회 정책보다는 경제 정책에 집중하게 됩니다. 시장, 특히 공급자에 치중하는 특성을 보여줍니다. 실제로 공공 사회 기반 관련 예산 지출은 미국보다도 훨씬 적습니다. 시장은 또 어떻습니까? 이미 소득 분배 기능을 상실했습니다. 성장과 분배의 괴리는 더욱 커져 양극화가 심해졌습니다. 낙수효과 이론은 허구입니다.

우리나라의 돌봄과 복지는 취약합니다. 공공 의료기관의 병상과 공공 사회복지 시설, 국공립 어린이집 비중 모두가 전체의 10퍼센트를 넘지 못합니다. 공공 인프라가 취약한 사회구조는 삶의 터전을 위협하고 삶의 질을 떨어트립니다. 돌봄 국가는 돌봄의 상품화를 막고, 수준 높은 돌봄이 가능한 공공 고용을 창출할 수 있습니다. K-돌봄은 공공의 선을 추구하는 것뿐만 아니라 경제에도 이바지합니다.

○ 강남에서 K-돌봄을 시작하여 전국으로 확산함으로써 대한민국이 돌봄 국가로 나아가도록 토대를 닦고 싶다 / 2021년 창립하여 대표를 맡고 있는 한국보건의료포럼 창립 총회

K-돌봄은 지자체 재정이 탄단하면서 시민들이 세금을 많이 내는 지역에서 먼저 시작해야 합니다. 사업을 할 여력이 있을 뿐만 아니라 세금을 많이 낸 만큼 돌봄의 혜택도 크게 받을 수 있어야 하기 때문입니다. 또한, 강남에서 시작한 K-돌봄이 다른 지자체로 확산하여 돌봄 국가로 나아갈 수 있는 모델이 되어야 합니다. 예컨대 노인과 장애인 등이 모여 거주할 수 있는 주거 시설, 데이케어 시설 등에 대한 투자는 자본력이 있는 지자체가 먼저 접근할 수 있습니다.

강남은 보수 텃밭으로 유명합니다. 그런데 정녕 보수는 강남을 위해 무엇을 했습니까? 더군다나 돌봄과 복지는 대상을 가리지 않습니다. 주민들은 세금을 많이 내는데 중앙정부나 지방 정부는 도대체 뭘 하는지 알 수 없습니다. 어르신들은 내는 세금에 비해 돌봄과 복지의 혜택을 제대로 받지 못한다고 한숨을 쉽니다. 젊은 엄마와 학부모도 불만이 많습니다. 돌봄과 복지와 관련하여 여러 가지 문제를 깨닫고 무엇이 필요한지 하소연합니다. 그런데 정작 정치권은 그저 표밭으로만 여길 뿐입니다.

이제 민주당이 강남을 위해 나서야 합니다. 돌봄과 복지를 중요한 정책 방향으로 내세우는 민주당이야말로 강남을 위해, 그리고 강남을 통해 노력해야 합니다. 저는 강남구에 있는 작은 아파트에 10년째 살고 있습니다. 강남이 돌봄 1번지가 될 수 있어야 한다는 생각으로 강남에서 출마하기로 결심했습니다.

보수가 그저 공천만 되면 당선될 수 있는 강남이 아니라 주민들이 돌봄과 복지의 혜택을 받고, 세금을 낸 만큼 대접을 받을 수 있는 강남을 만드는 게 제 사명입니다. 이제 민주당도 강남을 보수 텃밭이라 생각하지 말고 돌봄의 강남으로 새롭게 바꾸어가야 합니다.

제가 국회에 입성한다면 돌봄과 복지를 위해 최선을 다하겠습니다. 국회는 보건복지위를 비롯해 돌봄과 복지와 관련해서는 전문성이 부족합니다. 보건복지와 관련한 전문가가 별로 없기 때문입니다. 그래서 정책은 겉돌고, 실행도 지지부진합니다. 정책 개발과 입안, 집행과 실현 등 모든 경험을 다 해본 제가 국회에서 K-돌봄을 주도적으로 추진해보고자 합니다. 특히 강남에서 선도적인 시범 사업을 하면서 K-돌봄이 정착되고 확산하기를 바랍니다.

정치는 국민을 중심에 둬야 합니다. 우리나라 정치는 사익에 중심을 두고 있습니다. 우리 계파, 우리 당, 우리 진영

등의 이익을 위한 정치는 옳지 않습니다. 국민이 중심이 되는 정치를 해보고 싶습니다. 떳떳한 정치, 새로운 도전, 돌봄의 선진 국가를 위해 강남이 진정 정치와 돌봄, 복지의 1번지가 될 수 있도록 하겠습니다.

# 1부

# 생명을 돌보는 의사
# 강청희

의사는 냉철하면서도 따뜻해야 합니다. 과감하고 냉정한 판단으로 치료하되, 따뜻한 마음으로 환자를 돌봐야 하는 거죠. 의학 지식과 의술뿐만 아니라 환자에 대한 따뜻한 마음이 저를 평생 의사의 길로 이끌었습니다. 또한, 피난민 가족으로 자랐는데, 어머니의 뜨거운 교육열과 아버지의 바른 삶은 저의 자양분이 됐습니다.

만주에서 독립운동을 돕던 의사 할아버지, 두 분 다 의학을 공부했으나 전쟁과 결혼으로 포기하고 가족을 위해 헌신했던 부모님으로부터 배운 것은 정직과 노력하는 삶이었습니다. 그리고 사회적 약자와 함께하는 삶을 배웠습니다. 어릴 적에는 산동네에 사는 학교 친구의 삶을 보면서, 의사가 된 후 처음 맡은 환자가 병원비가 없어 도망간 것을 겪으면서, 돌봄의 사각지대와 문제점을 희미하게나마 느끼게 됐습니다.

사람이 살아가는 에너지를 느낄 수 있는 뜨거운 심장이 저를 흉부외과 의사의 길로 들어서게 했습니다. 생명 앞에서 포기란 없다는 일념으로 환자를 돌보고, 끈질기고 꼼꼼하게 환자를 치료하였습니다. 이러한 의사로서의 자질은 이후 정치와 보건의료 행정을 할 때 큰 자산이 되었고, 어떤 난관이라도 반드시 해결하는 문제 해결력을 키운 배경이 됐습니다.

# 만주에서 독립운동을 돕던 의사 할아버지

Q 어렸을 때 어떤 아이였습니까?

**강청희** 조용하고 부모님 말씀 잘 듣는 착한 아이였습니다. 아버지는 군인이셨고 어머니도 부대에 같이 가 계셔서 혼자 집에서 지낸 기억이 많습니다. 형제로는 7년 차이 나는 형님이 한 분 계십니다. 어린 시절, 형이 학교 가고 나면 저 혼자 동네에 남아서 그저 애들 오가는 걸 구경하는 스타일이었죠.

Q 어렸을 때는 어디서 살았습니까?

**강청희** 서울 종로구 교북동에 살았습니다. 지금은 다 아파트로 바뀌었는데 당시에는 한옥에 살았죠.

Q 아버님이 피난민이신가요?

**강청희** 네. 아버지는 원래 만주 용정 사람인데 그곳에서 선대부터 3대가 사셨다고 들었습니다. 윤동주 시인과 같은 초등학교 나오셨다고 합니다. 물론 아버지께서 후배였어요.

Q 아버님이 윤동주 시인에 대한 기억이 있으셨는지요?

**강청희** 제가 듣기로는 직접 만나거나 하신 것 같지는 않았습니다. 다만 윤동주 시인의 《하늘과 바람과 별과 시》 시집에 사진 자료로 나오는 우물이 용정 마을의 우물이라고 하셨습니다.

○ 초등학교 입학 전 북한산 계곡에서

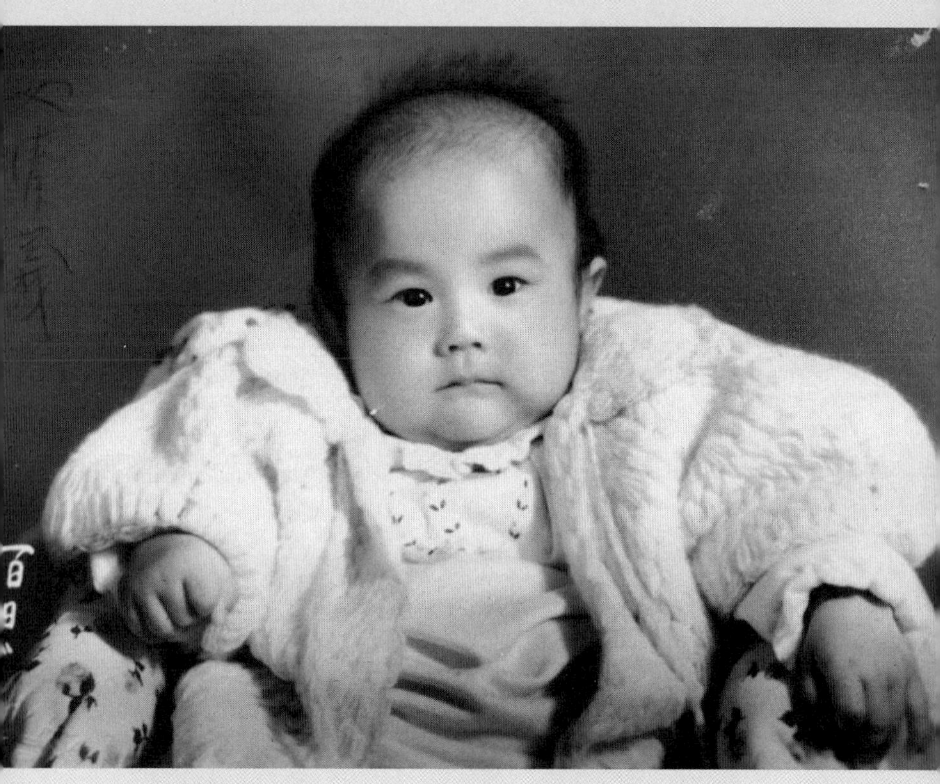

○ 백일 사진

○ 부모님 사진

Q 할아버님이 만주에 계셨는데 의사였었죠?

강청희 할아버지께서는 일본에서 유학하시고 용정에서 개원하신 거죠. 개원해서 독립 자금도 몰래 대셨다고 합니다. 해방 후에는 지주 계급에다 일본 유학파로 인민재판을 받았어요. 할아버지는 인민재판 대상이 아니고 아버지께서요. 아버지는 일본 유학을 했다는 이유로 인민재판 대상이 되어 곡괭이로 맞으셨다고 들었습니다. 그때 맞아 패인 자국이 허리에 평생 남아 있었죠.

Q 그럼, 해방된 다음에 남한으로 오신 거예요?

강청희 떠난 거죠. 거기서 정이 떨어져서 내려오셨다고 합니다. 중국 공산당이 팔짱 끼고 자기들끼리 비웃으며 지켜보고 동포를 선동해서 린치하는 것이 가장 마음 아프셨다고 합니다.

Q 할아버님에 대한 어떤 인상이 남아 있으세요?

**강청희** 생존해 계실 때는 뵙지 못했고요. 사진과 쓰신 글씨 이런 것만 봤죠. 북한에 남으셨죠. 제 아버지만 동생 중에서 두 분을 데리고 내려오시고 나머지 형제분들은 남아 계셨고요.

**Q** 그러면 역대 대한민국 정부가 이산가족 정책을 시행하거나 가끔 북한과 관련된 소식이 들릴 때면 집안 분위기가 어땠나요?

**강청희** 우리나라가 중국과 수교를 한 뒤에 중국 만주를 통해서 북한에 있는 가족들의 소식을 들은 적이 있었어요. 그때까지는 조모님께서 북한에 살아계셨고요. 조모님 돌아가시고 난 뒤에도 가끔 중국의 친척 통해서 소식은 들었는데 요즘은 소식이 다 끊긴 상태입니다. 이산가족 상봉에 대해서는 굉장히 기대하고 있었죠. 그런데 아버지께서 따로 신청을 안 하셨어요. 혹시라도 북에 남은 동생들에게 피해를 줄 수 있으니까요. 다들 잘살고 계실 텐데 괜히 또 남한에 가족이 있다는 게 알려져 오히려 피해를 줄까 봐 신청을 안 하셨죠.

Q　아버님은 어떤 일을 하셨나요?

**강청희**　아버지께서는 일본에서 의대에 다니시다가 만주로 들어가셨고, 해방 이후에 가족들과 함께 북한으로 내려오셨습니다. 그리고 곧장 38선 넘어서 남한으로 오신 거예요. 1949년에 병참군사학교에 들어가셨는데 1950년 6·25 전쟁이 나면서 참전하셨습니다.

Q　아버님이 군대에서 오랫동안 근무하셨나요?

**강청희**　네. 청춘을 모두 군에서 나라를 위해 바쳤습니다. 영관급 장교로 강원도 인제 철책선의 전방 부대 대대장을 마치고 국방부 본부 근무를 끝으로 제대하셨습니다.

Q　아버님이 군인이면 여러 지역을 돌아다니잖아요. 그러면 자식들도 학교를 여러 군데 다니지 않나요?

**강청희** 형은 좀 따라다니고요. 저는 학교 입학하기 전이라서 집에 있었어요. 저는 종로 쪽에 있는 집에 살고, 형은 퇴계원과 인제 등 아버지 임지로 함께 다녔죠.

Q 아버님 말씀 잘 들었습니까?

**강청희** 아버지와 대화를 많이 하고 가르침도 많이 받았죠. 저희 아버지께서 의과 대학 공부를 하신 덕분에 이과적인 상식이 많으셔서 제가 관련 질문을 하거나 세상에 대한 의문을 물으면 많은 이야기를 해주셨죠. 우주에 관한 이야기도 많이 들었죠. 엄격하신 분이었지만 저한테는 그렇게 엄격하시지 않으셨어요. 막내니까요. 아무래도 사랑으로 많이 대해주셨죠.

Q 어머님은 어떤 분이셨어요?

**강청희** 어머니는 무척 활달하시고 사회생활도 잘하시는 스타일이셨습니다. 아버지는 좀 고지식한 분이고요. 두 분 성향이 좀 달라요.

# 평등과 돌봄, 평생의 신념이 된 부모님의 가르침

Q 어머님의 교육관이 궁금합니다. 자녀들을 키울 때 교육에 대한 기준이나 원칙이 있으셨나요?

강청희 무조건 공부를 잘해야 한다고 하셨죠. 밥 먹고 공부만 하는데 공부를 못할 이유가 없다고 하셨습니다. 그리고 어머니는 제가 좀 큰 뒤에는 항상 이런 말씀을 많이 하셨어요. "사람 위에 사람 없고, 사람 밑에 사람 없다."

또 '내 입 갖고 내가 얘기하는데 누가 뭐라고 하느냐?'

○ 모친 사진

○ 군 시절의 부친

는 생각을 많이 갖고 계신 분이에요. 당신의 생각이 나 입장을 주변에 적극적으로 피력하시는 스타일이셨습니다. 그러면서도 항상 입조심을 해야 한다고 얘기하셨죠. 자칫 한밤중에 없어진다고 말이죠. 어머니께서는 북한이 공산화되고 한 5년 정도 함흥에서 사셨잖아요. 그 당시 처음에는 친일 청산이 있었고, 그다음에는 이념 대립 때문에 혼란스러웠다고 합니다. 특히 사상이 다른 사람들을 욕했던 이가 밤에 진짜 없어지기도 했답니다. 두세 명씩 밤중에 그 사람을 찾아오고, 그 사람이 사라졌다고 합니다. 그러면 어디로 갔는지도 몰랐대요. 그래서 입조심을 하라고 하시며, 특히 정치적인 문제에 대해서 항상 조심하라고 얘기하셨죠.

Q 아버님은 어떤 걸 많이 강조했어요?

강청희 아버님은 항상 바른 분이거든요. 굉장히 강직하고 바른 분이라서 부정부패를 싫어하셨죠. 아버지께서는 병참 장교였어요. 당시 병참 쪽에서는 6·25 전쟁 때도 쌀과 밀가루를 팔아먹는 사람들이 많았다고 합니다. 전쟁 때문에 군수품이 미국에서 무지막지하게 들어왔는데, 그걸로 부정 축재하는 사람들이 많았던 거죠. 그런데 우리 아버지만 부를 축적하지 못했어요. 그래서 어머니한테 맨날 구박당했죠. "그 좋은 자리에 있으면서도 재주가 없어 돈을 못 번다."고요.

Q 저도 기억이 나요. 옛날에 하숙했었는데 하숙집 주인이 현역 상사였어요. 상사가 그걸 하더라고요. 맥주도 집에 몇 짝씩 가져오고요. 군수 물자를 부대 안에서 장병들을 위해서 써야 하는 건데 빼돌리더라고요.

강청희 한번은 퇴계원에 근무하실 때, 부대 상관 한 명이 아버지께 군수품을 빼돌리라고 권유하더래요. 그래도 아버지는 안 하셨죠. 그래서 제대 후에 어머니께서 구박을 많이 하셨죠. 돈 벌 기회를 다 놓쳤다고요. 그 당시에 경리 장교였던 사람도 땅을 여러 군데 사서 지금 강남 땅 부자가 됐습니다. 월급 모아 샀다고 하는데, 자세한 내막은 아무도 모르죠. 아무튼, 군수 보급 물자와 관련한 사람들은 다 부자가 됐는데 아버지만 그렇지 않을 정도로 강직한 면이 있어요.

그리고 아버지는 김종필과 같은 연배로 군대 동기입니다. 그래서 5·16 쿠데타 때도 가담해야 하는데 당신께서는 이게 옳지 않다고 판단하시고 거부하셨죠. 그래서 결국 한직에 계시다가 예편하게 되신 거예요. 나중에 후회 안 하시냐고 여쭤봐도 단호하게 본인이 잘한 거라 하십니다.

예편한 후에는 법무부의 죄수들 식단을 짜는 관리 업무를 하셨어요. 아버지께서 병참 장교 출신이고 의대 공부를 하셔서 영양학을 좀 아시니까 그 일을 하실 수 있었습니다. 우리나라 죄수 식단은 아버지께서 영양 전문가들과 함께 주도적으로 만드신 겁니다. 결국, 사회와 격리된 사람들의 식단, 즉 군대 식단이나 죄수 식단을 아버지께서 많이 만드셨고 이것이 지금 식단의 근간이 된 겁니다.

Q 경제적으로 아주 윤택하지는 않았어도 어렵게 사셨던 건 아니네요?

**강청희** 윤택하지는 않았어요. 그렇다고 집도 없고 절도 없이 떠도는 식으로 심하게 어렵게 살지도 않았습니다. 남들과 비교했을 때 중산층 정도로 살았던 것 같아요. 부모님이 자식들한테 경제적으로 어렵다는 표현을 안 했기 때문에 철없이 자랐던 면도 있죠.

# 누구에게도 당당한 사람,
# 자존심이 아닌 자존감

Q　초등학교를 유명한 데 나오셨다면서요?

**강청희**　경기초등학교를 나왔습니다. 사립학교 중에서도 대명사 격이었죠. 당시 리라초등학교, 경기초등학교, 경복초등학교 이 세 학교가 유명했죠.

Q　그때 그런 사립학교에 들어가려면 돈이 꽤 있어야 하는 것 아닙니까?

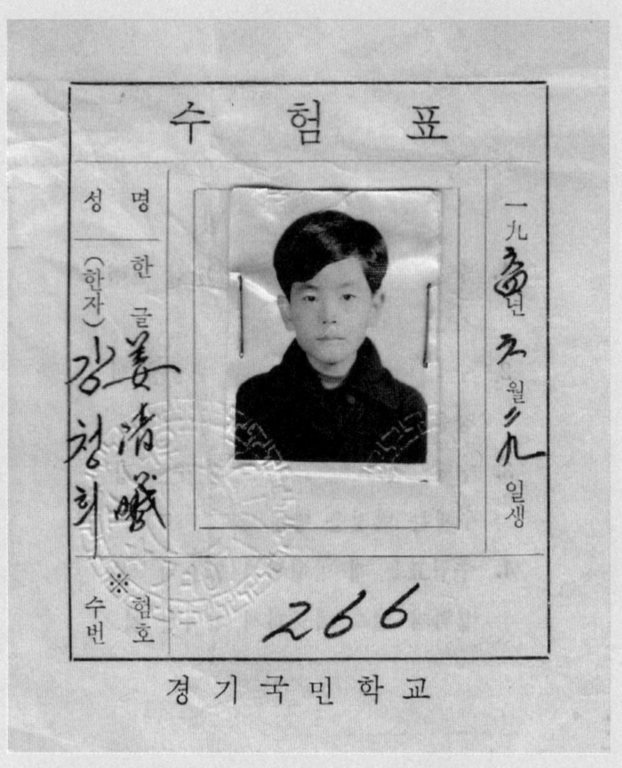

수 험 표

성명 한글 (한자)

강청희 姜淸曦

一九 년 월 일생

※ 수험번호 266

경기국민학교

○ 초등학교 입학 수험표

○ 초등학교 입학식 날

**강청희** 그렇죠. 그런데 저는 잘 몰랐어요. 어머니께서 제 형님은 덕수초등학교를 보내셨습니다. 그 학교가 당시에는 공립 중에서 제일 좋은 학교라고 해서 선택한 겁니다. 교육열이 좀 강하신 거죠. 공부 잘 시키는 곳으로 보낸다고 해서 형님이 그곳으로 갔습니다. 창피한 얘기지만, 그때 주소 이전해서 들어갔어요. 교북동에서 들어가기 힘들기 때문에 덕수초등학교 앞으로 주소지 옮겨놓고 학교에 입학시킨 거죠. 그런데 형님이 하는 걸 보니까 별로 못하더라는 거죠. 그래서 저는 사립학교에 보내야겠다고 생각하셨나 봐요. 마침 동네 친구분들이 자녀들을 경기초등학교와 경복초등학교에 보내는 걸 보고 어머니께서 저도 시험을 보게 하셨어요. 그때는 면접 보고 들어갔거든요. 저는 초등학교 들어갈 때, 같은 날 어머니 등에 업혀 두 군데를 모두 오가면서 시험을 봤죠. 먼저 경복초에 가서 면접 보고 경기초에 갈 때는 시간이 늦어 어머니께서 등에 업고 뛰어가셨던 것이 지금도 어제 일처럼 생생하게 기억납니다.

Q 그런 유명한 사립 초등학교에 가면 흔히 말하는 재벌 집 자식들도 꽤 많잖아요. 위화감 같은 것을 안 느끼셨습니까?

강청희 저는 재벌이라는 생각을 별로 안 하고 있었는데, 친구 집에 놀러 가서야 알게 됐죠. 으리으리하니까요. 우리 집보다 거의 서너 배 크고, 지하 벙커도 있고, 말 타고 있는 사진도 있고요. 그런데 철이 없는 건지 몰라도 그렇게 부럽지는 않더라고요. 저희가 그때 월사금을 한 6만 원 정도를 냈어요. 지금으로 따지면 한 60만 원 정도 내는 거죠. 그리고 사립학교에 들어갈 때 기부금이라는 것도 있었어요. 어머니께서 그때 돈을 엄청나게 냈다고 그러시더라고요. 그 당시에 한 200만 원 정도 됐다고 합니다. 그때는 또 선생님들이 주로 돈 걷는 걸 많이 하셨는데 수시로 학교에 돈을 내야 하는 일이 많았어요.

Q 그때 같이 다녔던 친구 중에서 지금도 만나는 친구가 있으십니까?

○ 초등학교 시절

○ 초등학교 졸업 당시

○ 초등학교 졸업식

강청희 네, 있어요. 그중에 의사 친구들이 대여섯 명이고 의사 안 하는 친구들도 한 열 명 정도 있죠. 그 친구들 얘기 들으면 제가 어릴 적에는 상당히 조용했다고 해요. 말이 별로 없었다고요. 그런 애가 지금 왜 이렇게 달라졌냐고 하죠.

Q 그렇군요. 어머님이 자녀를 위해서 경제적으로 굉장히 애를 쓰셨네요.

강청희 제가 볼 때는 한국 사람들의 교육열이 전 세계에서 제일 높아요. 그중에서 북한에서 남한으로 피난 온 사람들의 교육열이 더 높습니다. 가진 게 없잖아요. 재산을 갖고 나온 게 아니기 때문에 자식들이 공부를 잘해서 전문직이 되거나 자기가 원하는 걸 할 수 있도록 해줘야 이 사회에 적응할 수 있다고 생각한 탓에 교육열이 높을 수밖에 없었죠.

Q 어머님의 교육열 덕분에 자존감이 높은 아이였을 듯한데요.

**강청희** 뭐 부족한 게 없으니까요. 부모님 다 계시고, 형제도 있고, 집도 있죠. 좀 차이가 났던 점도 있었습니다. 초등학교 때 다른 애들은 1, 2학년 지나면 사복을 입었는데 저는 6년 내내 교복 입고 다녔어요. 한번은 선생님이 "너는 왜 맨날 교복 입고 다니냐?"고 하셨을 정도였죠. 그때는 잘 몰랐어요. 지금 생각해보면 사복을 여러 벌 사야 하는데 그 정도의 여유는 없었던 거죠. 하지만 깔끔한 교복을 입고 다니면서 자랑스럽게 생각했어요. 기죽지 않고 친구들과 잘 어울리며 다녔습니다. 부모님으로부터 좋은 자산을 물려받은 셈이었죠.

Q 중학교와 고등학교는 어디서 나왔습니까?

**강청희** 중학교는 마포의 경서중학교를 나왔습니다. 공립학교인데 제가 입학하고 다닐 때는 마포구 공덕동 서부지방법원 위치에 있다가 현재는 강서구 가양동에 이전해서 있습니다.

제가 그 학교에 입학했을 때 보니 계층이 분열돼 있었

○ 중학교 2학년 때 가족사진

어요. 그때 계층의 분열을 처음 느꼈습니다. 입학해 보니 선생님들이 사립학교 출신 애들을 미리 따로 모았어요. 그리고 그 애들에게 임원진을 시켜요. 아무래도 돈을 좀 낼 여유가 있을 것 같으니까 그랬던 것 같아요. 그리고 개학하기 전에 사전 모임을 열고 환경미화를 하게 했어요. 그룹으로 만드는 거죠.

반면에 다른 아이들에 대한 기억도 남아 있어요. 방학이 끝나고 개학해서 와보니 나이 많은 애가 반에 있어요. 휴학했다가 복학한 거죠. 나중에 들어보니 싸움하고 사고를 치는 바람에 징계당했다가 다시 학교에 온 거예요.

그다음에 아현동 부근 출신들이 많았는데 아현동이 그때 산동네였어요. 또 금화산 쪽 영천시장 뒤의 산동네에서 어렵게 사는 친구들도 있었습니다.

가난한 애들과 부자 동네 애들이 섞여 있는 구조였습니다. 그 당시에 역촌동에 신식 양옥들이 있는 부자 동네가 형성돼 있었는데 그쪽 출신 아이들이 반장 같은 간부를 도맡아 했죠. 이렇게 생활 형편이 다른 아이들이 한 반에 뒤섞여 있었고 이들 간의 차이는 눈에 띄게 구분되었죠.

가령 미술 시간에 하는 과제의 수준이 달라요. 부잣집 애들은 미술 교육을 따로 받았기 때문에 수채화 같은 경우 웬만큼 수준 있게 잘 그립니다. 하지만 그런 것에 관심도 없고 따로 교육도 안 받은 애들은 초등학생 때 그렸던 수준과 크게 다를 게 없었죠. 그걸 보면서 아이들 간의 차이가 확실히 있다는 것을 느꼈습니다.

한번은 저에게 담임 선생님께서 심부름으로 학교 잘 안 나오는 애 집에 가보라고 하셨어요. 왜 안 나오는지 알아보라고 보낸 가정 방문이었어요. 그래서 갔더니 산동네였어요. 웬 아저씨가 문간방에서 기침하면서 나오는데 마치 드라마 세트장 같아요. 그분은 굉장히 병색이 완연했는데 결핵 걸리면 핼쑥한 모습 있잖아요? 그런 모양새로 나오신 분이 바로 제가 찾아간 아이의 아버님이셨죠.

친구가 어디 있느냐고 여쭈니까 일하러 갔대요. 나중에 들어보니까 그 친구는 하루 내내 신문팔이에 구두닦기도 하면서 돈을 벌었대요.

사실 중학교 등록금은 얼마 안 되거든요. 더군다나 공립이잖아요. 그런데 그걸 못 내서 학교에 안 나오려고 했던 거예요. 그때도 '이렇게 사는 게 차이가 날 수 있구나.' 하고 느꼈죠.

같은 학교에서 누구는 미술 선생님께 따로 과외받아서 근사하게 수채화를 그리고, 어떤 애는 학교 가기도 힘들어서 저렇게 일을 해야 하는 것을 본 뒤에 우리 어머니한테 그 얘기를 했죠.

그랬더니 어렵게 사는 아이들을 그렇다고 무시하면 안 된다는 거예요. 그런 애들에게 더 잘해주라고 하셨죠.

그런 가르침을 받은 뒤에 그 친구가 우리 동네까지 신문 배달했는데 우유라도 하나 주고 용기도 북돋워 주고 했죠. 그 친구는 지금 잘살아요. 대학까지 학업도 혼자 힘으로 마치고요.

고등학교는 대신고등학교를 나왔습니다. 집에서 길 하나 건너면 갈 수 있는 데를 갔어요. 그때는 집에서 가까운 데 가면 좋겠다고 생각했어요. 거기만 들어가자고요.

당시에는 공동학군이라는 게 있었거든요. 중학교 때 연합고사를 보는데 공동학군에 들어가 있는 학교가 대신고, 중앙고, 경복고, 서울고 등이었어요. 그런데 다른 학교들은 다른 곳으로 이전하고 대신고만 남았는데 꽤 괜찮은 학교라고 해서 꼭 가고 싶었어요. 그런데 일단 집이 너무 가까우면 안 돼요. 중간에 놀 수가 없어요. 버스 같은 걸 타고 가야 사람들도 보고 세상 구경하고 그럴 텐데 이건 뭐 사람 구경할 일이 없잖아요. 길 건너갔다 오는 게 고작이었으니까요. 학교, 집만 오가는 생활을 3년 보냈습니다.

고등학교 때 교훈이 "하면 된다."였어요.

Q 사춘기는 언제 왔습니까?

**강청희** 제 기억에 고등학교 1학년 때 온 듯해요. 그때는 '왜 사나?' 하면서 지냈던 것 같습니다.

Q 책은 많이 보셨나요?

**강청희** 중학교 때 책을 많이 읽었는데, 중학교 이후는 별로 안 봤어요.

Q 형님도 의사죠? 확실히 조부님과 아버님 영향을 받은 거네요.

**강청희** 어머니도 함흥의전 다니다가 예과 때 학교를 관두셨죠. 어찌 보면 부모님 두 분 다 실패한 사람들이잖아요? 우리 어머니께서 1·4 후퇴 때 내려오셨는데, 부산이나 대구에서 친구들을 다 만나셨다고 해요. 그런데 그분들은 학업을 다 마치고 개원했는데 우리 어머니만 아버지를 만나서 결혼하는 바람에 인생을 망쳤다고 하셨죠.

그때 어머니는 혼자 내려오셨는데, 기숙사에 있다가 그냥 강제로 이끌려 내려왔대요. 어머니는 오고 싶지 않았는데, 그때 학교에서 병원 팀을 모두 데리고 내려온 거죠. 이렇게 어머니는 할머니와 헤어지고 단신으로 그냥 내려오신 거죠.

Q 어머님이 그 시절을 많이 생각하시겠네요?

강청희 생각할 때마다 항상 우시죠. 전쟁이 없었으면 본인의 꿈을 다 펼칠 수가 있었을 거라는 아쉬움도 컸을 테고, 할머니를 혼자 두고 왔다는 것에 대한 죄책감도 있었죠. 그 자책이 상당히 크셨어요. 우리 가족은 어떻게 보면 분단의 비극을 몸소 겪은 셈이죠.

# 생명의 원천,
# 심장을 지키는 의사

Q 의사가 되기로 작정한 이유는 자연스럽게 부모님의 영향을 받은 것 때문인가요?

**강청희** 제가 원래 중학교 때까지 공부를 꽤 잘했어요. 뭘 해도 된다고 생각하며 살았죠. 그런데 중학교 3학년 때 10·26사태가 터졌어요. 박정희 대통령 시해 사건요. 그때 정치인들이 감옥 가고 그랬잖아요? 제가 그전까지는 꿈이 법관 되는 거였어요. 변호사나 판사를 해서 나중에 정치를 하겠다고 생각하고 있었어요. 그래서 나중에 국회의원이 되건 뭐가 되건 정치하겠다는 생각으로 살았어요.

Q 보시기에 멋있는 정치인이 있었나요?

강청희 그때 당시에 김영삼을 좋아했죠. 미포에 당사가 있었잖아요. 당시 근처에 가보면 당에서 김영삼의 얼굴이 들어간 유인물을 맨날 뿌렸어요. 그걸 보면서 '김영삼은 정말 훌륭한 사람인가 보다.' 하고 생각했죠. 맨날 맞고 하니까요. 그때 이철승이 깡패들 시켜서 전당대회를 습격한 신민당 각목 난동 사건이 발생했어요. 그래서 김영삼은 탄압받는 사람이고, 이철승은 나쁜 사람 혹은 정권의 프락치와 다를 게 없다고 생각하기도 했죠.

그러다가 10·26 사태가 터지면서 정치인들은 이제 별 볼 일 없고 판검사도 별 볼 일 없다고 본 거죠. 그리고 어머니께서 우리나라와 같이 혼돈된 나라에서는 전문직을 해서 자기 기술로 먹고살아야 한다고 하셨죠. 그래서 운명이 완전히 바뀌어버린 거예요. 중학교

○ 대학 시절 서클 모임

○ 대학 교향악단 서클 회장 시절

3학년 때 결정적으로 10·26 사태를 보면서 진로가 확 바뀌었어요. '그냥 내 일 하면서 조용히 살아야겠다, 괜히 정치판에 껴봤자 좋은 꼴 못 보겠다.'라고 생각한 거죠.

Q 의대 들어가서는 공부 열심히 했습니까?

강청희 의대에 들어가서는 그렇게 열심히 한 것 같진 않은데, 그래도 웬만큼은 했어요. 중간 정도 했죠. 마음 잡고 공부했을 때는 장학금을 탄 적도 있어요. 그런데 연세대 의대가 서울과 원주에 있잖아요? 만약 신촌에 갔으면 더 열심히 했겠죠. 원주에 가다 보니 학교에 대한 불만도 좀 있었습니다. 지방에서 혼자 있었잖아요. 중간에 한 학기 휴학하고 재수 공부도 했었어요. 하지만 성적이 더 안 나오더라고요. 그래서 여러 가지 갈등과 고민을 했죠. 학교 출신에 따른 차별도 생각하면서 6년을 보냈어요.

졸업할 때가 되고 나서야 정말 의사가 되고 싶다고 생각했어요. 의사 면허 시험을 봤을 때 꼭 붙고 싶더라고요. 그 계기가 된 게 실습 때 겪은 일입니다. 제가 혈액내과에 첫 실습을 나갔는데 처음에 맡았던 환자가 도망을 갔어요. 환자에 대한 문진 기록을 작성하고 다음 날 갔더니 없어졌어요. 병원비 때문에 도망간 거예요. 이 환자의 병은 임파선암이었습니다. 그분은 농부였어요. 원주 주변에서 농사짓고 살았는데, 임파선암 때문에 얼굴도 붓고 임파선도 여기저기 붓는 등 증상이 안 좋았죠. 항암 치료를 받아야 하는데 병원비가 없다고 야반도주를 한 거예요. 그때 '환자가 야반도주도 할 수 있구나. 왜 그랬을까?'라는 생각이 들면서 착잡하더라고요.

제가 실습 나갔던 때가 1988년쯤이었는데 그때 당시에는 건강보험이 전 국민 대상으로 시행되지 않았어요. 그리고 그 시절에는 진짜 없는 사람들이 많았습니다. 광산에서 사고 나서 다친 사람들도 빈곤하기는 마찬가지였어요. 원주 근교에도 열악한 생활환경의 주민들이 많았습니다. 그런데 의료진이 사회적 약자에 대한 배려가 특별히 더 있지는 않았던 것으로 기억됩니다. 반면에 돈 있는 사람들한테는 좀 굽신거린다

○ 대학교 졸업식

는 느낌을 받았었어요. 대학 다닐 때 이런 모습을 많이 봤어요. 원주도 그랬지만 신촌도 마찬가지예요. '의사들이 왜 그럴까?' 하는 생각을 많이 했죠. 재벌이나 부자들은 특실에 있고, 서민들은 다인실에 있는데, 의사들이 다인실 회진은 서둘러 돌면서 상당히 고압적으로 환자들에게 가르치듯이 얘기합니다. 그런데 재벌들이 있는 특실에 가서는 다소곳해요. 또 우리는 밖에 대기시키고 교수님 혼자 병실에 들어가는 경우도 있어요. 그런 문제들을 많이 보면서 속으로 분노도 좀 하고, 나는 저러지 말아야겠다는 생각을 많이 하게 됐죠.

Q 여러 과가 있을 텐데 왜 흉부외과로 가셨나요?

강청희 먼저 제가 의대를 가게 된 배경부터 이야기할 게요. 아버지께서 의사 얘기를 많이 하셨던 게 중요한 배경 중 하나예요. 제게 의사를 권유하시기도 했고요. 한번은 저에게 《라이프》 잡지를 보여주셨는데, 그때 본 기사에 심장 이식 수술 이야기가 실려 있었어요. 그리

○ 연세서울의원 개원식

스천 버나드 박사가 남아프리카공화국에서 세계 최초로 심장 이식 수술에 성공했다는 내용이었습니다. 잡지에 실린 버나드 박사가 심장을 들고 있는 사진을 보고 너무 가슴이 뛰는 거예요. '아, 심장도 수술할 수 있구나!' 하고 감탄했죠.

그래서 어린 마음에 만약 의사가 된다면 심장 수술을 하는 의사가 돼야겠다는 생각을 계속했죠. 또 의대 면접을 보러 갔을 때, 당시 면접관이 흉부외과 의사였는데, 저에게 왜 의사가 되려고 하느냐고 물었습니다. 당시에 버니 클라크라는 치과 의사가 인공 심장을 달고 하루하루 살아가는 게 보도된 적이 있거든요. 그래서 인공 심장 시대가 열렸다고 뉴스에 보도된 적이 있어요. 그 사람 얘기를 했죠. 저도 그런 걸 만드는 의사가 되고 싶다고요. 그러다 보니 흉부외과 의사가 된 거예요.

사실 졸업할 때쯤 고비가 찾아왔어요. 선택하고 싶은 과가 별로 없었거든요. 그래서 하나 정해야겠다 싶어 입학할 때 생각하던 흉부외과를 떠올리고 흉부외과 교수님을 찾아가서 지원했죠. 지금도 그렇지만, 그때

○ 어릴 때부터 만약 의사가 된다면 심장 수술을 하는 의사가 돼야겠다고 생각해왔고, 결국 흉부외과 의사가 되었다 / 연세서울의원 원장 시절

도 흉부외과를 많이 지원 안 하던 때였어요. 당시 지원한 사람도 저밖에 없었고요.

Q 흉부외과를 많이 지원하지 않는 게 힘들다고 생각하기 때문인 건가요? 아니면 그게 돈을 많이 벌지 못해서 그런 건가요?

**강청희** 흉부외과가 힘든 게 숫자가 적어서 그래요. 한 연차당 뽑는 흉부외과 의사가 네다섯 명 정도 되면 인원이 많기 때문에 힘들지 않아요. 그런데 인원 배정이 2명씩 나와요. 소수 정예주의라는 과의 특성 때문이에요. 병원에서 흉부외과의 영향력이 커도 인원을 늘리지 않아요. 비뇨기과와 흉부외과가 원래 사람 숫자를 제한하는 과입니다. 전문의 숫자 대비 전공의 숫자를 정하는데 그걸 적게 정했기 때문에 힘들어지는 거예요. 많은 환자를 혼자서 맡아야 하는 문제가 있고, 또 야간에 일을 많이 하잖아요. 이런 상황 때문에 더 힘든 거죠.

Q 그러면 전공의들이 교수님들이나 병원장한테 얘기해서 인원을 늘려달라고 요구할 법도 한데요?

**강청희** 대학병원도 결국 병원 수입에 치중해야 정상적 운영을 할 수 있는 지경에 이르렀습니다. 당연히 건강보험 수가가 후한 과목의 수익률이 높고 또 환자를 많이 보는 과가 수입이 높겠지요. 흉부외과는 전체 질환자 수가 다른 외과계보다 적고 대학병원 간에도 환자의 편중이 심한 편입니다. 반면에 시설, 장비, 인력에 대한 투입비용은 더 많이 소요되고요. 결국 병원 입장에서는 흉부외과를 별로 키우고 싶지 않아 합니다.

교수 인력 자체를 늘리려 하지 않으니, 거기에 따라 결정되는 전공의 인력도 적게 확보하게 되고 수련 후에 취직할 일자리도 제한되어 있으니, 아예 전공의 지원을 하지 않는 악순환이 반복되는 거죠. 결국 왜곡된 건강보험 수가체계가 병원의 자체 투자를 막아, 결과적으로 필수 의료 과목의 소멸을 가져오는 겁니다. 흉부외과 소멸 현상이 대표적인 사례지요.

더욱 문제가 되는 것은 선민의식 내지는 순혈주의에

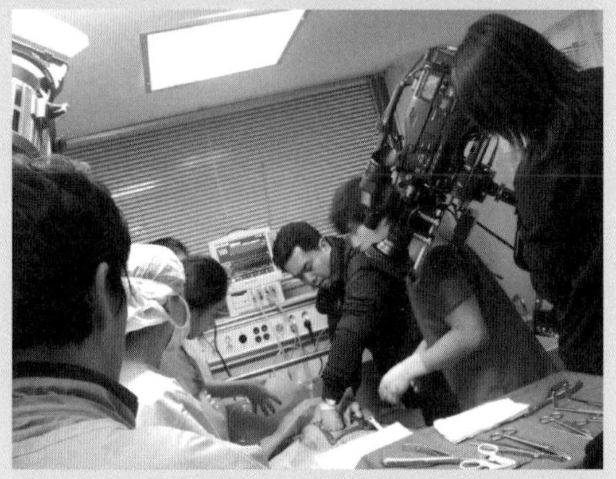

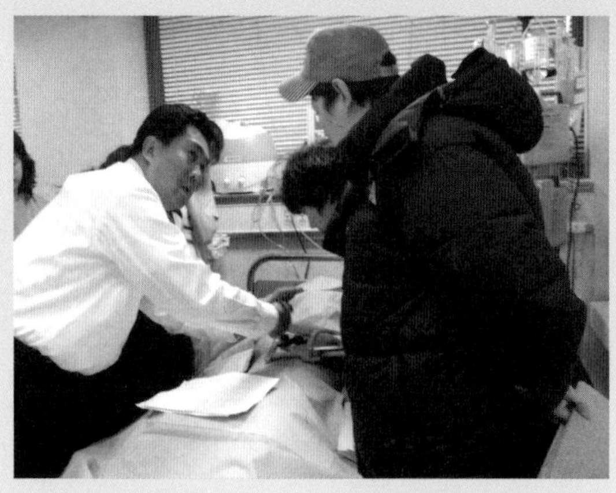

○ 의학 드라마 〈뉴하트〉의 자문을 맡았었다. 의료 현장은 의학 드라마보다 치열하고 살벌하다.

기인한 소수정예주의가 오늘의 흉부외과 문제를 만들었다고 봅니다. 엘리트만 살아남는 사회의 단면을 보여주는 거지요. 절대적으로 우수한 소수의 인력만 대학에 남아 본연의 수술을 하게 되고 나머지 배출 인력은 각자도생해야 하는 전문과목을 선택할 MZ 세대 의사는 아마 없을 겁니다.

Q 요즘 의학 드라마가 히트 치잖아요. 〈닥터 차정숙〉이나 〈낭만 닥터 김사부〉 등을 보면 어떤 느낌이 드나요?

**강청희** 제가 의학 드라마를 거의 안 봤어요. 옛날에 제가 개업할 무렵에 〈뉴하트〉라는 의학 드라마가 방영된 적이 있어요. 그때 피디 쪽에서 연락이 와서 자문하러 몇 번 갔었어요. 몇 화에 걸쳐 해줬는데 심장 마사지 하는 것부터 수술하는 장면 등을 자문해줬죠. 그때만 해도 관심이 있었죠. 기왕 드라마 만드는 거 잘 만드는 게 좋겠다고 생각했죠. 그런데 요즘은 너무 허황되어 아예 보지를 않습니다. 이게 미화를 시키는 건지 흑화를 시키는 건지, 보고 있으면 짜증도 나고요. 현장과 아주 달라요. 너무 낭만적이죠. 하지만 현장은 치열해요. 사람이 죽고 사는 문제인데 무슨 낭만이에요.

Q 수술이 기대했던 만큼 성과가 안 나오는, 예컨대 진짜 목숨을 살릴 수 있었는데 안 좋은 결과가 나오는 경우도 있잖아요. 그럴 때는 어떤 느낌이 드세요?

강청희 저는 제가 수술했는데, 그런 일은 없어야겠다고 생각해서 그런 일을 사전에 피하거나 아니면 어떻게든 살렸어요. 수술 중에 환자가 죽는 일이 없어야 한다는 것이 제 원칙이거든요. 레지던트 때 환자가 수술대 위에서 생명을 잃는 경험을 몇 번 했었는데, 물론 스태프 선생님들이 수술하고 저는 보조로 들어갔다가 겪은 거죠.
수술 중에 환자가 죽는 경우처럼 비참한 게 없어요. 죽은 환자도 비참하고 수술한 집도의도 비참해지는 거고요. 아예 가망이 없으면 수술하지 않거나 수술해야 하는 상황이면 수술을 잘해야죠. 적어도 수술 현장에서 환자가 죽는 상황을 만들지 않아야 할 책임이 집도의에게 있죠.

그런데 그 책임을 다하지 못했다면 다시는 수술칼을 잡을 수 없을 정도로 굉장한 타격을 받아요. 의사들은 그런 상황을 막기 위해서 트레이닝을 받는 거예요. 외과 의사들은 자기가 최선을 다했지만 막을 수 없었던 불가항력의 의료 사고 이후에도 계속 의업에 종사할 수 있게끔 트레이닝을 받는 것입니다. 사고를 막는 기술적 트레이닝도 중요하지만, 자신을 더욱 강하게 만드는 정신적 트레이닝도 상당히 중요한 부분입니다.

# 생명 앞에서
# 포기란 없다

Q 훌륭한 의사가 되려면 어떤 면을 갖춰야 하나요?

**강청희** 두 가지인데요. 하나는 냉철할 수 있어야 하고, 또 하나는 정말 따뜻한 마음도 있어야 합니다. 냉철함은 진단과 치료 과정에서 판단하고 처치할 때, 과감하고 냉정하게 두려움 없이 해야 한다는 점에서 필요하고요. 따뜻함은 환자를 돌보는 치료자 차원에서 접근할 때 필요한 점입니다. 그 두 가지가 다 있어야 합니다.

어머니께서 당부한 말씀이 환자가 들어오면 꼭 손을

잡아주라는 것이었어요. 그런데 그게 실제 해보니 힘들어요. 하지만 환자들이 그걸 좋아해요. 우리가 외래 방문으로 들어오는 할머니의 손을 잡아주면 서로 마음이 통하거든요. 그걸 저도 실천해보려고 했는데 선뜻 잘 안 돼요. 어쨌든 그게 가장 기본이 되는 것 같습니다. 의사가 환자를 볼 때 손을 잡아주고 이야기를 시작하는 게 좋죠.

Q 흉부외과 의사로 활동하시면서 가장 기억 남는 일은 무엇입니까?

강청희 수술로 보자면, 레지던트 때 워낙 많은 다양한 경험을 해서 책을 한 권 쓰라면 쓸 만큼 분량이 되지만, 제가 집도의가 아니라서 그건 제 것이 아니라고 생각하고요. 지금 생각나는 게 제가 혜민병원에서 흉부외과를 개설해서 환자를 수술할 때 일입니다. 그때 기억이 남아 있습니다.

사람들이 볼 때 살려줘서는 안 되는 사람, 그러니까 나쁜 짓을 많이 저지른 사람이 환자로 올 수 있잖아

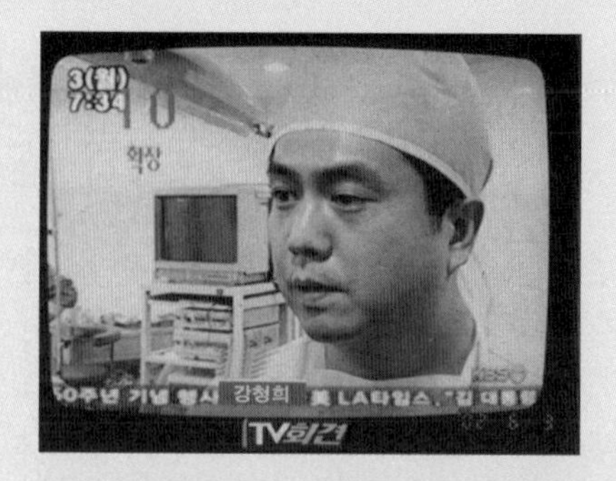
3(월)
7:34
확장
강청희
TV회견

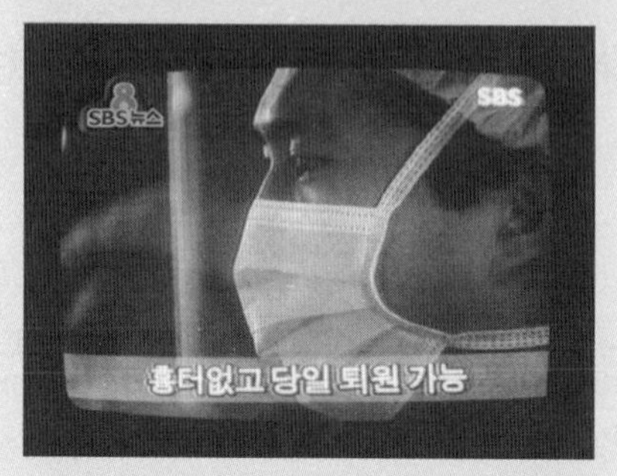
SBS뉴스
SBS
흉터없고 당일 퇴원 가능

22(금)
7:55
우리집 주치의
오늘의 진료과목
흉부손상

6:36
강 청 희
MBC
아침뉴스
01.5.30
TV회견

의사로 일하면서 TV 뉴스와 건강 정보 프로그램에 출연하여 대중에게 건강 관련 정보를 전달하는 데도 힘썼다.

요. 그런데 적어도 병원에 오면 살려야 되거든요. 그 때 조폭들이 싸움하다 칼에 맞고 병원에 온 적이 있었어요. 응급실에서부터 이미 심장이 멈춘 사람을 마사지해서 수술실로 올라가 살린 경험은 굉장히 오랫동안 제 기억 속에 남아 있죠.

다른 기억도 있습니다. 전혀 예상하지 못했는데 열어서 보니 심장이 터진 경우가 있었어요. 그것도 잘 꿰매서 살렸던 기억이 납니다. 이런 기억들을 자랑으로 삼으면서 항상 마음에 간직하고 있어요.

Q 사람들이 '칼잡이' 이야기를 더러 하잖아요. 드라마에도 나오고요. 흉부외과를 비롯해 외과 의사들을 보면서 유능한 칼잡이가 돼야 한다고 많이 이야기하는데 실제로 그렇게 부릅니까?

**강청희** 그렇죠. 칼잡이라고 그러죠. 왜 그러냐면 메스라는 칼을 쓰니까요. 메스로 처음에 열 때, 한 번에 열 수가 있고 여러 번 나눠서 열 수도 있어요. 급하면 한 번에 열어야 합니다. 보통은 칼로 피부만 절개하고 나머지는 전기소작으로 살짝 열어서 접근해서 가르고 들어가는데 그걸 하지 않고 한 번에 넣어서 내장 장기가 나올 때까지 여는 방법이 있어요. 그런 것 때문에 아마 칼잡이라는 얘기가 나왔을 겁니다.

시급성에 따른 방식의 차이인데 사실 잘하는 사람이 있고 못 하는 사람이 있는 게 아니라 해본 사람과 안 해본 사람으로 나눌 수 있어요. 그렇게 위급한 상황에서 수술해본 사람이 있고 못 해본 사람이 있는 거죠. 트라우마나 외상 환자들은 시간을 다투기 때문에 그런 경험을 하게 되죠.

Q 흉부외과 의사를 하면서 배운 게 있다면 또 어떤 게 있을까요?

**강청희** 제가 흉부외과 의사를 하면서 환자를 포기하면 절대 안 된다는 것을 매번 깨달아요. 의사가 포기하면 환자가 죽어요. 그러니까 끈질기게 해야 합니다. 의사는 끝까지 끈질기게 본인이 이 사람을 지키겠다는 생각으로 매달려야 합니다. '나는 할 만큼 했어, 이제 그

만하면 돼.' 하고 생각하는 순간 그 환자는 죽는 거예요.

이전에는 흉부외과 수술 시간이 6시간에서 8시간 걸렸어요. 의사가 수술실에서 지쳐요. 준비부터 시작해서 마무리까지 혼자 하려면 힘듭니다. 대학병원은 레지던트도 있고, 열어주는 의사, 닫아주는 의사 따로 있어서 괜찮죠. 그런데 혼자서 다 하니 여섯 시간 지나면 힘이 빠집니다.

문제는 지치는 와중에 돌발 상황이 생기는 겁니다. 출혈이 생기거나 뭘 건드렸는데 픽 터져서 올라오거나 하면 그걸 꿰매고 다시 바로잡고 해야 합니다. 그런 과정에서 지치면 피나는 데를 놓쳐요. 예를 들어 심장 수술을 하면, 뒤쪽에서 피가 날 때 한 번에 잘 꿰매야 하는데, 그냥 눌리는 압력에 의해 시간이 지나 멈추겠거니 생각하고 닫아놓으면 반드시 그날 밤에 다시 열어야 해요. 아주 미세한 피 한 방울, 실핏줄이 새는 것도 결국 고이게 되면 심장과 폐를 압박해서 문제가 되므로 재수술해서 출혈점을 찾아 지혈해야 합니다. 그래서 흉부외과 의사들은 진짜 끈질겨야 합니다. 완벽히 깨끗할 때까지 확인하고 끈질기게 보고 꼼꼼하게 마무리를 잘 지어야 경과도 좋고요.

Q 보통 의사 생활을 하다 보면 스트레스를 많이 받을 것 같은데요. 환자 수술을 하고 나면 기진맥진할 텐데 스트레스는 어떻게 해소하십니까?

**강청희** 예전에는 술도 먹었어요. 요즘은 안 먹지만요. 술 먹을 때도 있고 담배도 피웠죠. 클래식 음악을 듣기도 하고, 사람들과 많이 만나서 대화하면서 웃고 떠들기도 하고요. 클래식은 어렸을 때부터 계속 들었어요. 중학교 때 어머니께서 전축을 하나 사주셨어요. 그때 팝을 주로 들었는데 팝을 듣다 보면 귀가 식상해요. 오디오 좋아하는 사람은 알지만, 팝에서 다양한 소리가 안 나거든요. 그래서 클래식을 듣게 돼 있어요. 클래식은 악기가 다양하고, 일정한 음률을 지키잖아요. 그래서 귀가 그렇게 피곤하지 않고 오랜 시간 들을 수 있어서 클래식에 빠진 거죠. 악기는 예전에 바이올린과 피아노를 좀 배웠는데, 지금은 할 줄 아는 게 없어요. 노래는 음치고요.

음치와 관련해서 재미있는 기억이 생각나네요. 제가 초등학교 2학년 때 음악 콩쿠르가 있었어요. 사립학교에는 그런 콩쿠르나 대회가 많습니다. 음악 콩쿠르를 앞두고 선생님이 콩쿠르에 참여하는 학생 몇몇을 연습시켜준다고 노래 한번 불러보래요. 저는 잘한다고 생각하고 노래를 자신 있게 불렀는데 선생님이 바로 집에 가라고 그러시더라고요. 그래서 '내가 너무 잘하나 보다.' 하고 생각했죠. 그리고 나중에 콩쿠르에 나갔어요. 심사위원 중에는 외부 음대 교수들도 있었는데 다 웃어요. 그래서 애들한테 물었죠. "나는 소리 높여서 잘 부르는데 도대체 저 심사위원들이 왜 웃냐?"고요. 그랬더니 친구들이 "너 음이 하나도 안 맞아." 그러는 거예요. 그래서 제가 음치인 줄 그제야 알았어요.

# 2부

# 사회를 돌보는 의사로

의사는 돈벌이하는 직업이 아니라 생명을 살리는 일이라는 생각을 한시도 잊지 않았습니다. 2000년 의약분업 때를 분기점으로 보건 행정과 관련한 일에 뛰어든 것도 사적 이익보다 공적 이익을 고민했기 때문입니다. 병든 환자뿐만 아니라 병든 의료계를 고치는 의사로 발걸음을 내디뎠습니다.

대한의사협회 총무이사와 상근 부회장을 역임하면서 의료 영리화 반대, 불합리한 관치 타파와 의료 바로 세우기, 의료인 폭행 방지법, 전공의 특별법의 제정 등 입법 추진 활동을 통해, 의료인뿐만 아니라 환자의 이익까지 고려한 활동을 수행했습니다. 그리고 용인시 기흥구 보건소장이 되어 돌봄 행정을 직접 현장에서 맡아 추진하였습니다. 이때 돌봄 행정과 더불어 시정에 대한 이해, 돌봄과 복지의 통합 운영에 대한 문제의식 등을 갖게 되었습니다.

국민건강보험공단 급여상임이사로 재직할 때는 이해관계자의 갈등 조율로 보장성 강화를 위해 노력했습니다. 의사 출신 최초의 급여상임이사로 전문성을 발휘하여 국민건강보험공단의 급여 업무 영역 확대에 기여했습니다. 그리고 한국공공조직은행 은행장으로 임명되어 죽은 자와 산 자, 직원의 인권을 함께 지키는 기관의 사명을 만들고 강도 높은 개혁을 시행했습니다.

# 돈벌이가 아니라 생명을 살리는 일

Q 의사 생활이 안정적이고 돈도 많이 벌 수 있잖아요? 또 사람들로부터 어느 정도 존경받는 직업이지 않습니까? 그런데 현장에서 일하시다가 보건 행정 쪽에 뛰어드셨습니다. 그리고 대한의사협회와 같은 단체 일에 많이 관여하신 걸로 알고 있습니다. 그렇게 하게 된 어떤 계기가 있었습니까?

강청희 레지던트와 전공의, 펠로우를 할 때만 해도 의료 제도에 대한 생각이나 고민은 사실 없었어요. 그때는 오히려 의료 행정과 관련해서 기분 나쁜 경험이 많았죠. 예를 들어 우리가 수술할 때 필요해서 항생제를 썼는데 병원 심사과에서 전화가 와요. 사유서를 쓰라고요. 그때마다 무슨 사유서를 쓰라는 건지 이해가 안 됐어요. 의사가 필요하면 쓰는 거라는 생각이 강했어요.

예를 들어 한번은 수술할 때 폐를 자르는 스테이플러를 썼어요. 그런데 이게 두 개까지는 보험 인정이 되고, 두 개 이상이면 환자 부담이에요. 그때 의사가 환자 부담에 대한 설명을 안 했어요. 빨리 수술하고 회복실로 보내는 것만 생각했지요. 부담을 별로 생각하지 않고 일했거든요. 돈에 대한 생각을요. 우리는 그냥 치료하는 거지 돈을 버는 것은 아니라는 식으로 생각했습니다.

그런데 종합병원에 가니 그게 자기 실적이 되더라고요. 가령 자기 월급이 1,000만 원이면 한 달 동안 병원에 1억 원을 벌어줘야 해요. 10배를 벌어줘야 하죠. 그래야 직원들 월급이 나오니까요. 비용 청구 시, 보험 적용이 안 되어 삭감이 되면 압박이 들어오죠. 심사과라는 데는 보험 심사과거든요. 병원 안에, 심평원 청구 작업과 함께 삭감을 피하기 위해서 자체적으로 만든 거예요. 거기서 이제 압박이 들어오죠. "너 왜 이렇게 많이 쓰냐?"부터 해서 "심평원에서 뭐가 날아왔다.", "사유서 써라." 등등 압박하죠.

저는 어쨌든 돈과 관련한 것은 의사가 관여할 일이 아니라고 생각했어요. 돈 이야기는 그때만 해도 원무과에서 했거든요. 그다음에 간호사가 하고요. 의사가 환자와 직접 돈 이야기로 실랑이를 벌이지는 않았죠. 저도 직접 경험한 적이 없어요. 제가 직접 경험을 못 했는데, 개업해보니까 이제 전부 다 혼자서 해야 하는 1인 자영업이잖아요. 모든 걸 제가 설명해야 해요. 제가 10년 정도 개업의를 했어요. 서울 광진구 자양동에서요. 광진구에 있는 혜민병원에서 6년 있다가 나와서 근처에서 개업한 거죠.

흉부외과에도 비급여 수술은 있어요. 다한증과 하지정맥류는 미용적인 목적이 강하기 때문에 비급여입니다. 저는 그 당시에는 그런 수술을 특화해서 많이 했어요. 종합병원 시절뿐만 아니라 개업도 하지정맥류로 한 거예요. 비급여 수술을 하면 보험의 간섭이 없고, 비용도 내가 원하는 만큼 어느 정도 적정하게 받을 수 있는 장점이 있었습니다.

결국 의사들이 건강보험 수가로 통제받는 진료보다, 비급여 진료에 의존하게 만드는 현재 건강보험정책은 현장 의료를 전혀 다른 방향으로 왜곡시키고 있는 셈이죠. 그래서 보험 적용 진료에 있어, 적정 수가와 전문가적인 자율성은 반드시 보장해주어야 한다고 생각합니다.

아무튼, 제가 의사단체의 일이나 보건의료와 관련된 행정을 하게 된 데는 2000년에 있었던 의약분업이라는 사건이 큰 분기점이 된 것 같아요. 의약분업 때 제가 혜민병원의 응급실장 겸 흉부외과 과장이었습니다. 그런데 의약분업 사태로 의사들이 파업하는 바람에 응급실까지 비었어요. 당직 의사들이 안 오는 거예요.

병원은 외래를 폐쇄하고 전면 파업에 동참했죠. 우리 병원 이사장도 의협 활동에 적극적으로 가담하는 스타일이었어요. 병원에서 이제 약을 빼라고 하니 큰

일 났다는 거죠. 병원으로서는 약이 없어지면 수입의 3분의 1일이 없어지는 거니까요. 병원 이사장은 그 당시에 의약분업 정책을 주동했던 김용익 교수를 가만두면 안 된다고까지 목소리를 높였습니다.

당시 김용익 교수가 편지를 하나 썼어요. 대통령께 드리는 글인가 해서 의사들이 리베이트나 받아먹고 나쁜 놈들이라고 보일 수도 있는, 오해할 수 있는 글을 썼어요. 그래서 후일에 본인한테 직접 물어보니 그런 취지로 쓴 게 아니라 후배들이 더 이상 이런 불행에 빠지게 하고 싶지 않다는 심정에서 썼다는 거예요. 그러니까 의사들이 제대로 소신 진료할 수 있고, 정상적인 진료를 할 수 있도록 해줘야지 제약회사들의 영업사원이 전해 주는 돈에 휘둘리게 둘 수는 없다는 내용이었답니다.

Q　그런데 결과적으로 의약분업은 잘한 게 아닙니까?

**강청희**　시대적인 흐름에 맞는 정책으로 평가됩니다. 하지만 추진 과정에서 의료계에 많은 상처를 남기고 결과적으로 의사-환자 간 불신을 고착화했다고 봅니다.

제가 당시에 개업은 하지 않았지만, 종합병원만 해도 약사가 있는 약국이 있었습니다. 병원에서는 병원 약국을 운영했잖아요.

그런데 개인의원은 사실 간호조무사가 약을 싸주는 경우가 대부분이었어요. 의원에서 생리식염수 놔주고 항생제 놨다고 돈 받았다는 얘기까지 나오는 시절이었으니, 환자들의 불신이 팽배한 시기였습니다. 그런 면에서는 어쨌든 의약분업 때문에 약사들이 의사의 처방전을 받아, 그대로 정확하게 지으니 국민이 신뢰할 수 있죠. 무슨 약이 들어가는지 환자가 정확히 알 수 있고요. 굉장히 좋아진 거고요. 의사들도 사실은 부담이 줄어든 거예요. 의사가 이렇게 처방했는데, 실제로 조제가 잘되었는지, 어떻게 알아요? 그러다가 사고가 터질 수도 있잖아요. 일일이 확인할 수도 없고요. 약제실을 운영하는 것도 사실은 부담이에요. 그리고 예전에는 약국에서 의사 처방 없이도 모든 항생제를 다 팔았어요. 무슨 약 달라고 하면 다 팔았는데 그걸 못하게 한 것도 매우 잘한 거예요. 약의 오남용과 항생제 내성을 막기 위해서는 잘한 거죠. 약을 받으려면 반드시 병원에 가야 한다는 인식이 형성된 거잖아요. 그런데 당시 의사들의 생각은 좀 달랐던 게 어차피 약국은 고사할 운명이라고 본 거죠. 왜냐하면 당시에는 의원에서 약을 타가면 보험이 됐고 약국에서 약을 사면 보험이 안 됐어요. 그래서 약국은 곧 망할 것이라고 봤죠. 그렇지 않아도 약국들이 거의 빈사 상태까지 갔는데 정부가 약사들을 의약분업으로 구해준 것으로 생각했죠. 예전에는 약 타러 병원 가는 시스템이었거든요. 그래야 싸니까요. 진료비 안에 약값이 들어가 있으니까요. 그런데 약국에 가면 보험 혜택을 못 받고 1~2만 원을 내야 하니 약국에 되도록 안 갔죠.

Q 그래서 파업에 참여하셨나요?

**강청희** 저는 직접 참여 안 했어요. 대신 돈만 냈어요. 일주일을 혼자서 응급실 당직을 했습니다. 다른 의사들은 파업하고 있었고요.

한 3일 정도 밤샜는데, 몸이 그전과는 다르더라고요. 흉부외과를 전공한 바람에 밤을 습관처럼 새웠었는데도 그때는 힘들었습니다. 특히 환자 숫자가 많았어요. 다른 병원은 다 문 닫고 있었죠. 일반 의원은 운영을 안 하고, 응급실 닫은 병원들도 좀 있었거든요. 그러니까 환자 수는 많고 잠은 못 자는 상황이 계속되니 슬슬 맛이 가더라고요.

그래서 과장들을 설득했죠. "돌아가면서 하자."고요. "놀면 뭐 하느냐?"고 하면서요. 다 나오게 했는데 "밤에는 내가 하고 낮에는 당신들이 하면서 좀 돌아가며 하자."고 합의를 봤죠.

과장들은 낮에 돌아가면서 지키고 밤에는 제가 지키고 있되 해당 과 환자가 오면 곧장 다이렉트 콜을 한다고 합의 보고 버텼죠.

그때 의약분업 시위를 직접 참여는 안 했지만, 보라매공원 시위에는 과장들이 모은 돈을 전해 주러 갔었어요. 우리 병원에서 걷은 돈인데 한 500만 원 정도 되는 돈을 갖다 줬죠. 한 20명이 모은 돈인데 어디다 썼는지는 모르겠어요.

그런데 하는 짓이 한심하더라고요. 보라매공원에 가서 보니 비 오는데 우비를 입고 펠로우와 레지던트까지 다 모여 있더라고요. 잠시 집회를 지켜봤지만 왜 하는지도 모르게 행사가 진행되더라고요. '도대체 실력 행사를 하는 건데, 뭐 하는 거지?'라는 생각이 들더군요. 그다음에는 좀 잊고 살았죠.

그러다가 2005년쯤인가 해서 간호법 이슈가 생겼을 때인데 간호센터 독자 개설 문제 등이 나와서 그때도 보라매공원에서 집회하는데 의사 중 한 명이 배를 갈랐어요. 살짝 출혈이 보일 정도로 했죠. 아무튼, '의사가 저런 배 가르는 짓을 하면 되나?' 하고 회의감이 들더라고요. 생명을 소중히 여겨야 할 사람들이 저러는 것은 진짜 아니라고 생각했죠. 그다음부터 의사 집회에 참여 안 했습니다.

제가 개업을 하게 됐는데, 사실 흉부외과 의사는 원래 종합병원에 있어야 해요. 수술치료를 주로 하는 과이기 때문에 수술할 수 있는 시설이 잘 갖춰진 데서 해야 합니다. 그래야 환자가 제대로 치료받을 수 있죠. 하지만 개인 의원에서는 흉부외과 의사로서 할 수 있는 게 아주 간단한 수술밖에 없어요. 대개 하지 정맥류 수술처럼 수요가 있고 응급이 아닌 돈 되는 수술을 하게 되지요.

저도 개업 초기에는 그전에 근무했던 종합병원에서 제가 직접 수술했던 환자를 계속 보려고 시설과 장비를 갖추고 했다가 시간이 조금 지나면서 다 포기하게 되었죠. 엑스레이 대신 그 자리에 레이저 장비 놓고 시술하니까 그전보다 훨씬 수월하게 투자 대비 수익을 뽑을 수 있었습니다.

미용 쪽으로 전환을 한 것인데, 미용으로 전환하다 보니 '흉부외과 의사가 과연 미용 시술하려고 그 힘든 것을 해야 했나?' 하는 생각이 들더라고요. '흉부외과 의사를 이렇게 많이 배출할 필요가 없는 것 아닌가?' 하는 고민을 했습니다. '전공의 숫자를 더 조정해서 대학병원이나 종합병원급 의료기관에 모두 남아 본연의 일을 할 수 있는 인원만큼 배출하거나, 아니면 종합병원에 고용할 수 있는 일자리를 더 많이 늘려서 흉부외과 의사들이 좀 더 편하게 보호받고 일할 수 있게 해야 하는 게 아닌가.' 하고 생각하게 됐죠.

그래서 흉부외과 의사회 일을 시작했습니다. 흉부외과 학회 일도 함께 시작했어요. 그러면서 그때 흉부외과 지원금을 처음 만들었죠. 흉부외과에 가산금이 있잖아요? 그때 만든 게 그거예요. 당시에 가산금을 만드는 작업을 하면서 국회도 다녀보고, 입법조사관들도 만나서 작업하는 것도 보고, 박근혜 당시 당 대표를 학회 이사장이 직접 만나서 의견을 전달하는 식으로 국회를 설득해서 가산금과 관련한 사안을 마무리했습니다.
그 과정을 보면서 정책을 제도로 만들려면, 국회를 움직여야 한다는 것을 처음 배웠죠. 입법 활동을 해야 한다는 겁니다. 국회의원들을 설득하는 작업이 중요하다는 것을 깨달은 셈이죠. 또 대관 업무라고 해서 복지부도 설득해야 하고요. 그게 중요하다는 것을 그때 처음 알았어요. 그걸 해보니까 재밌더라고요. 이렇게 하면 바꿀 수 있구나, 내가 원하는 대로 잘하면 이룰 수 있겠다는 것을 알게 된 첫 경험이었습니다.

Q 국회의원들이나 관련 부처, 예를 들어 보건복지부 관

○ 대한의사협회 메르스대책본부장과 비대위원장으로 활동했다.

계자들과 청와대 사람들도 많이 만났겠네요?

**강청희** 제가 주도적으로 앞서지는 않았고 따라다니면서 했습니다. 어른들이 하는 걸 봤죠. 그러면서 의사들과 회의를 통해 경험을 쌓았고 의협 일을 하게 됐습니다. 대한의사협회 일을 하면서 대관, 대국회 업무를 제가 담당하면서 아예 상근으로 들어서게 된 거죠.

## 병든 의료계를 고치는 의사로

Q 보통 대한의사협회 직함을 자랑스럽게 내걸지만, 상근직으로 갈 때는 굉장히 고민하잖아요. 개원해서 버는 비용이나 종합병원 급여 수준과 비교하면 상근 부회장의 수입이 적어서 고민이 됐을 것 같아요.

**강청희** 상근직으로 가는 것에 대해서는 정말 많이 고민했어요. 하지만 돈 때문에 고민한 것은 아니었습니다. 저는 일생을 살면서 돈 생각은 별로 안 했어요. 기본 생활을 유지할 정도의 돈은 필요하다고 생각했지만, 의

○ 대한의사협회 상근 부회장 재임 시절

협 일을 하면서 기회비용 손실을 아까워하기니 부를 취해야겠다는 생각은 하지도 않았습니다.

Q 상근 부회장과 회장은 병원 일 안 합니까? 상근하나요?

강청희 상근이에요. 나머지는 상근을 못 하니 반(半)상근을 시키는데, 제가 의협에 처음 들어갔을 때는 반상근으로 시작했어요. 반상근으로 총무이사를 맡았어요. 그런데 반상근을 해보니까 세금을 더 많이 내요. 반상근으로 협회에서 받은 돈만큼이 세금이에요. 종합소득세를 내게 되죠. 제 수입이 있으니까요. 그래서 반상근을 더 이상 안 하겠다고 생각하게 되었습니다.

제가 집행부 1차를 노환규 회장과 했습니다. 당시 의료 영리화 반대 집회를 준비하는 과정을 제가 주도했어요. 병원을 거의 전폐하고 한 달 정도를 매달려서 준비했죠. 해보니까 거기에 빠져들었죠. 데모라는 걸 안 해본 사람이 데모 준비를 처음 해보는데 얼마나 재미있겠어요? 법적으로 빠져나가는 방법을 연구하고, 또 어떻게 하면 임팩트 있게 국민한테 보여줄까를 연구했죠. 직원들 20명 정도 모아놓고 맨날 앉아서 그걸 기획하고 조직하니까 재밌더라고요.

2013년에 여의도광장에서 의료 영리화 반대 투쟁 집회를 했었죠. 참석자는 3만 명 정도 됐을 겁니다. 박근혜 정부 때인데 그때는 제가 정말 겁이 없었어요. 주위에서 저를 보고 걱정을 많이 했지요. 맨날 "정부가 정신 못 차리고 있다."라고 말하고 텔레비전에 나와서 대놓고 비판하고 그랬죠. 그랬더니 주변 사람들이 저에게 잡혀간다며, 하지 말라고 말리더라고요.

당시 뒤에서 세무조사 받는 사람도 있었다는 이야기를 전해 들었어요. 우리가 투쟁할 때 비대위를 구성하잖아요. 이때 자기 이름 빼달라는 의사들이 임원 중에 몇 명 있었어요. 왜 그런지 물었더니, 청와대 쪽에서 자기 이름 나왔다는 연락이 왔다는 따위의 얘기를 하더라고요.

Q 겁이 날 만하죠. 박근혜 정부 초기였으니까 마음만 먹으면 세무조사 할 수도 있었을 거고요.

**강청희** 그렇게 할 줄 몰랐는데… 저는 그때 별로 가진 게 없어서 그런지 겁이 없었죠. 아무 생각 없이 했죠. 그걸 하면서 맛을 좀 들인 면도 있지만, 제가 그렇게 했던 결정적인 이유는 제 문제의식 때문이었습니다. 흉부외과 의사가 개원해서 미용 시술 하는 것은 더 이상 안 되겠다는 인식 때문이었죠. 원래 불합리한 관치를 타파하고 의료를 바로 세우는 게 주된 목표였습니다.

**Q** 미용을 의사가 하면 돈 많이 벌잖아요. 그렇게 하는 의사들도 꽤 많은 것 아닙니까? 의사 동료 중에서요.

**강청희** 그렇게 살고 있어요. 지금 흉부외과 개원의들은요. 흉부외과 개원하면서 미용 쪽을 중심으로 하는 사람이 많습니다. 실제로 하는 사람들이 많아요. 손재주가 좋으니 미용 수술은 금방 배울 수 있어요. 미용 쪽으로는 쉬워요. 특히 유방 성형은 더 친숙합니다. 성형외과 전문의가 아니더라도 의사 면허면 다 할 수 있어요. 입소문으로 성공한 케이스들이 많죠. 성형외과 전문의라고 속이고 하는 건 아니고요. 아무개 이름을

붙이는 것은 성형외과 전문의를 표방하는 것이고 가령 '빛나리 성형외과'라고 하면 의사면 아무나 할 수 있는 거죠. 간판 법이 이렇게 돼 있기 때문이에요.

Q 그럼 흉부외과 의사가 미용하는 것은 말이 안 된다고 느껴서 협회 일을 열심히 한 건가요?

**강청희** 안 된다는 게 아니라 이 정도를 하려고 그 어렵고 힘든 흉부외과를 했느냐는 거죠. 바이탈 다루는 의사는 계속 바이탈을 다룰 수 있게 해줘야죠. 외과의사로 왕성하게 수술하며, 일할 수 있는 나이가 한 55세까지라고 본다면, 그때까지는 제대로 격차 없이 진료나 수술할 수 있도록 환경을 마련해 줘야죠. 지금 지방과 서울의 수련 수준의 격차가 심하잖아요. 그다음에 대형병원과 대학병원도 수련 격차가 나거든요. 그걸 없애야 합니다. 그 격차가 없는 상태에서 잘 배운 사람이 자기가 배운 지식을 가지고 제대로 일할 수 있는 기간이 보장돼야 하는데 현재 의료 환경이 그런 조건을 보장해주지 않습니다.

제도에 문제가 있다는 것입니다. 수가 제도에 어느 정도 문제가 있으니까 힘들고 돈을 못 버는 과가 대접을 못 받고, 힘들지 않고 돈을 잘 버는 과가 오히려 대접받는 식으로 왜곡되고 있습니다. 흉부외과 본연의 일을 하는 과정에서 고생하는데 그 고생에 걸맞은 대가를 받아야죠. 그런데 그게 안 돼 있으니까 자꾸 성형이나 미용 쪽으로 빠지는 거예요.

결국, 흉부외과 의사들은 이런 것에 대한 자괴감 같은 게 생길 수밖에 없죠. 그걸 바꾸자는 생각이 강했고요. 진단방사선과의 경우는 판독료에 대한 건강보험정책이 바뀌면서 보수 수준이 높아지고 결과적으로 인기과가 되면서 지원자가 늘었지요. 응급의학과도 별도 지원금이 기금에서 마련되면서 실제로 흉부외과보다 더 나은 근무 환경이 되었습니다.

이렇게 정부의 정책 변화에 따라 의료계 지형이 바뀌고 전문과의 특성을 충분히 살려줄 수 있다는 것이 증명되었음에도 흉부외과는 그런 논의에서 소외되어 있다는 상실감이 컸고 그래서 제도 개혁을 위한 노력을 더 하게 된 거죠.

고가의 장비, 기계가 대부분 벌어주는 수익성이 높은 방사선 검사, 임상병리 검사에 대한 의료기관의 수입 의존도가 상대적으로 높아질수록 기곗값에 후하고 사람값에 박하다는 수가 제도의 고질적 병폐가 쌓이게 됩니다.
이런 왜곡이 의료뿐만 아니라 우리나라 사회에 다 퍼져 있는 거예요.

Q 그러면 지금 흉부외과가 젊은 의대생들이 기피하는 과인가요?

강청희 요즘은 인기가 다시 좋아졌어요. 이제 사람이 없으니까요. 우수한 지원자들이 많이 와요. 그런데 인기가 있거나 없다는 것을 지원자들이 많이 몰리고 적게 몰리고를 보면서 판단하는 게 아니에요. 어느 정도 자질이 있는 지원자가 오는가 안 오는가를 봐야죠. 흔히 말하는 실력이 좋은 자원들이 오느냐가 더욱 중요합니다.

Q 공부 잘했습니까?

강청희 기본 이상은 했습니다. 100명 중에서 30명 안에 들면 되는 거죠. 우리는 인턴을 30명 뽑았는데 1등부터 30등까지예요. 그 안에 들어갈 수 있는 사람이 인턴이 됐죠. 저는 자랑스럽게도 모교에서 인턴을 했습니다.

# 의료인의 이익만이 아니라 환자의 이익까지

Q　알겠습니다. 그런데 협회 일을 하면서 본인이 주도해서 바꾼 게 있습니까?

강청희　협회 시절에 바꾼 게 많죠. 예컨대 '의료인 폭행 방지법'도 통과 안 되던 것을 통과시켰습니다. 이 법은 그전 집행부 때부터 입안해서 올라왔는데 통과가 안 되고 있던 것을 협상과 설득을 하면서 통과되도록 했습니다.

'환자 안전법'도 있는데 사실은 의협이 처음에는 반대

했었어요. 이 법의 핵심 내용은 모든 병원이 욕창과 같은 환자가 안전하지 않은 문제들이 생겼을 때 신고하도록 한 것입니다. 의무적으로 신고하고 처벌 규정을 둘 것인가와 관련하여 갈등이 있었는데, 신고까지만 넣어서 통과시켰습니다.

환자에게 안전사고들이 생길 수 있습니다. 가령 주사가 잘못 들어가는 일이 있죠. 이런 사고와 관련한 통계가 그때는 없었어요. 그러니 당국에서도 알 수가 없었어요. 이런 사고를 나라가 어느 정도 통제하기 위해서 신고 의무 조항을 넣은 거죠. 이러한 '환자 안전법을' 제가 설득하여 통과시켰어요.

사실 의사들은 불편하죠. 그러나 환자의 권익 보호 차원에서 그렇게 했습니다. 그때 같이 맞물려 있던 '의료인 폭행 방지법'과 함께 엮어서 넣은 거예요. 제가 입법을 위해 설득하는 과정을 겪으면서 '환자와 의사 양쪽에 필요한 법인데 이게 서로 대화하고 협의하니까 쉽게 가는구나.' 하고 깨닫게 되었습니다. 소통의 지혜를 터득하게 된 것입니다.

Q 최근에 금고 이상의 형을 선고받은 의료인의 면허를 제한하는 의료법 일부 개정안이 통과되지 않았습니까?

**강청희** 조정해서 갔으면 좋았죠. 원래는 의료법과 관련해서 금고 이상의 형을 받으면 면허에 대한 영향을 주는 법이었는데 이번에는 의료법 외에도 다른 형사적인 중범죄까지 범위가 확대됐습니다.

Q 그런데 변호사를 비롯한 다른 전문직은 다 그렇게 하잖아요.

**강청희** 변호사는 데모 못 해요. 파업할 수도 없어요.
예를 들어 의사들이 파업하는 게 두 가지인데, 하나는 의사의 권익 보호를 위해서 하는 것이고, 또 하나는 국민을 위해서 하는 거예요. 그런데 이 개정안에 따르면 자칫 국민을 위한 활동을 못 하게 막을 수 있거든요. 가령 의사들이 양심선언을 하거나 이것은 반드시 고쳐야겠다고 나설 수가 없어요. 의료 영리화를 막는 것처럼 의료 산업의 어떤 문제가 생겼을 때 환자들한테 피해를 줄 수도 있으니까 내용을 가장 잘 아는 의사인 내가 설명해서 설득해야겠다고 생각하고 앞장서서 시위라도 나가면 형사 범죄가 되는 거예요. 예를 들어 과거에 의약분업 반대 투쟁을 했던 사람도 의사 면허가 취소됐었어요. 이번 개정안은 굉장히 위험한 법이에요. 살인이나 강간, 강도와 같은 중범죄는 당연히 적용되어야 하는데 애매한 범위에 대해서까지 다 포괄적으로 적용하면 곤란하죠. 그다음에 의료사고도 마찬가지예요. 한 의사를 10년 정도 트레이닝시켜서 외과 의사로 만들어요. 그런데 의료사고를 냈다고 쳐요. 요즘은 의료사고가 형사범으로 들어오거든요. 예전에는 민사만 들어왔는데 형사범으로 들어와서 금고 이상의 형을 받고 과실치상으로 징역을 살고 나왔어요. 그러면 더는 의사를 못 하잖아요. 그런 기회를 박탈하는 게 맞나 틀리냐는 논의할 부분이 많은 거죠.

Q 협회에서 상근 부회장을 언제까지 하셨습니까? 또 상

근 부회장을 마치고는 어떤 일을 하셨나요?

**강청희** 제가 2014년부터 2016년 4월까지 상근 부회장을 했습니다. 그리고 용인시 기흥구 보건소장으로 갔죠. 총무이사로 들어와서 상근 부회장을 맡게 된 시기는 협회가 굉장히 혼란했을 때입니다. 의료 영리화 반대 투쟁이 끝나고 나니 책임 소재에 대해서 내부적인 공격이 있었어요. 그래서 회장이 물러났습니다. 그게 의협 역사상 최초의 탄핵입니다. 의협 회장으로서 자질이 떨어지고 리더십이 독선적이라는 이유로 탄핵당했죠. 그래서 회장 재선거를 하는데 제가 지원하는 후보가 회장이 됐습니다. 그 회장이 상근 부회장을 할 사람이 없다고 저를 설득해서 하게 됐죠.

전임 회장 탄핵 전후로 의협에 공백 기간이 있었잖아요? 그 과도기 때 총무이사인 제가 거의 협회를 운영했어요. 관리를 거의 혼자 했는데 그때 대의원회의 정관 개정 작업이 있었어요. 제가 총무이사로서 의협 정관을 대대적으로 손보면서 완성하는 소임을 담당했죠.

그렇게 의협 일을 너무 많이 하다 보니 부회장까지 하게 됐는데, 제 병원을 1년 정도 비우다 보니까 답답하더라고요. 상근이지만 초기 6개월까지는 운영할 수 있는 유예기간을 주기는 합니다만 병원에 앉아 있는데 답답했죠. 또 환자들도 많이 줄었습니다. 지속적으로 진료가 안 되니까요.

총무이사와 상근 부회장으로 임명받을 때까지 월세 내면서 버텼는데 힘들더라고요. 그래서 상근 부회장을 관둘까 하고 생각도 했지만 계속하게 됐죠. 결국은 그 병원은 문 닫고 짐을 별도 공간에 옮겨놓은 후에 상근 부회장직을 마치면 다시 개원하리라 생각했는데 정작 관두고 나오니까 공적인 업무로 또 가게 되더라고요.

Q 상근 부회장 시절에는 기억나는 일은 뭐가 있습니까?

**강청희** '전공의 특별법'과 관련한 게 기억납니다. 예전에는 전공의들의 근무 시간에 대한 규정이 없었어요. 그러니까 하루 24시간 내내 근무였거든요. 그걸 주 80시간

이내로 줄였어요.

예전에는 전공의에 대한 권한을 대한병원협회가 갖고 있었어요. 복지부에서 관리할 수 있는 객관적 기구가 없었습니다. 대한병원협회 아래 병원 심사위원회도 있고 전공의에 대한 수련 평가 위원회도 있었어요. 대한병원협회가 그 위원회들을 운영했죠. 그런데 대한병원협회는 병원장들의 모임입니다. 고용인이 마음대로 피고용인을 다룰 수 있는 구조였던 겁니다. 과별 정원도 마음대로 조정하고요.

제가 주도해서 그것을 하지 못하게 막은 게 제일 큰 성과였습니다. 그때 굉장히 인기 좋았습니다. 전공의 협의회에서 제가 비례대표 국회의원을 해야 한다고 성명을 내기도 했어요. 이런 사람이 국회에 가야 한다고요. 그래서 저도 이런 분위기에 힘을 받아서 민주당 비례대표 출마를 결정했죠.

Q 민주당을 선택한 이유는 뭡니까?

강청희 제가 민주당과 함께 일을 하게 된 게 의협 총무이사

○ 대한의사협회 상근부회장으로 일하던 당시 '전공의 특별법'이 국회에서 제정되도록 애썼다.

○ 2015년 11월 말, 당시 새천년민주당의 직능대표로 임명받았고, 비례대표 국회의원에 출마하고자 하였으나, 뜻을 이루지 못했다.

때 의료 영리화 반대 집회를 하면서였죠. 당시 의료 영리화를 반대하는 쪽은 민주당밖에 없었어요. 국회에 가서 당시 새누리당과 맨날 얘기해봤자 소용이 없었어요. 박근혜 정권하고 딱 붙어서 의료 영리화를 해야 한다는 거였습니다. 민주당은 그래도 달리 생각을 하더라고요. 우리가 의료 영리화를 했을 때의 문제점을 설명했더니 설득이 되더라고요. 그래서 공조할 수 있었습니다. 그때 공조한 게 민주당, 보건의료노조, 의협 등 세 군데였죠.

Q 그 무렵 비례대표에 도전했는데 반응이 어땠습니까?

강청희 우리 의료계는 굉장히 좋아했죠. 물론 경상도 쪽에서는 저 사람 잘라야 한다고 했지만요. 그럼에도 불구하고 젊은 의사들의 지지도는 굉장히 높았습니다. 또 당원 가입도 500명 정도 받았어요.

그래서 제가 당원 가입 명단을 갖고 있다가 제출하려고 당에 갔는데 당시 의협회장이 실수하는 바람에 일이 꼬였죠. 당시 김종인 민주당 비대위원장을 만났어요. 그 자리에서 당원 가입 명단을 제출하고 이벤트를 하려고 했어요. 그때 약사회도 있고 한의사협회도 있고 치과의사협회도 있었습니다. 그런데 의협회장이 갑자기 제가 이번에 지원하니까 잘해주셔야 한다고 얘기했어요. 그러자 다른 협회 사람들이 그런 얘기를 이 자리에서 왜 하느냐고 반발했죠.

특히 한의사협회에서 저에게 반감이 강했거든요. 약사회도 좀 그랬고요. 그래서 명단 내는 시기를 놓쳐버렸죠. 원래는 명단을 제출하면서 이제 우리 의사들도 민주당 당원으로 500명이나 가입한다고 제가 말하려고 했는데 옆에서 초를 친 셈이죠. 아무튼, 그날 완전히 망쳤습니다.

그래도 그다음에 면접까지는 봤어요. 당시 면접도 잘 봤다는 얘기를 들었고요. 문제는 면접도 안 본 사람이 후보가 됐다는 거예요. 그때 서울시의사회장이 라인 타고 들어와서 김종인 위원장이 내려찍은 거죠. 이 사람은 처음에 지원서도 안 냈는데 말이죠. 그렇게 후보가 됐지만, 비례대표 의원은 못 됐어요. 고 노무현 대통령의 불행한 죽음을 단지 자살의 문제로 비하한 신문 기고문이 알려지면서 많은 당원에게 실망을 준 것으로 전해 들었어요.

# 용인시 보건소장,
# 공공 의료의 최전선에 서다

Q　상근 부회장 마치고 그다음에 용인시 보건소장을 맡게 되셨죠?

**강청희**　제가 상근 부회장일 때 제일 강조했던 게, 보건소장은 반드시 의사들이 맡아야 한다는 것이었어요. 보건소장은 의사들이 맡게 돼 있는 게 원칙이었어요. 그런데 서울을 제외하고는 거의 보건직 공무원들이 맡고 있는 현실입니다. 물론 처우 문제로 의사 중에 지원자가 없던 이유도 있고, 지자체 공무원들 승진 자리로 생각하기 때문이기도 합니다.

협회를 나와서 쉬고 있으니까 처음에는 김포시에 있는 의사회 임원들이 김포시 보건소장으로 오라고 하더라고요. 마침 김포시 보건소장 자리가 비었다는 거예요. 그런데 의사들이 아무도 안 오니 저보고 하라는 거죠.

보건소장의 처우가 딱히 좋지도 않고, 대개 개방직으로 들어가는데 임기나 정년이 보장되는 게 아닙니다. 처음에 2년 하고 다음에 2년 연장할 수 있는데, 5년을 못 넘기게 돼 있어요. 또 단체장이 바뀌면 교체될 수가 있고요. 이런 체계를 좀 바꿔야 하는데….

제가 그때는 개방직이라는 게 뭔지도 몰랐어요. 어쨌든 한번 들어가서 공공 의료 영역에 대해서 경험을 쌓아야겠다는 생각으로 가겠다고 결심했죠. 그런데 김포시는 내부에서 보건직 공무원으로 벌써 승계가 됐더라고요.

그러자 또 용인시 보건소장 자리가 비었다는 연락이 왔어요. 용인시에 정식으로 원서를 내고 임용 과정을 거쳐 들어갔습니다. 그 당시 용인시장님이 새누리당

소속이었는데, 제가 민주당 출신임에도 잘 지냈습니다. 그리고 민주당 시의원들이 저에 대해 많이 조사했더라고요. 이야기도 많이 나누었고요. 일하면서 그분들의 도움도 많이 받았죠.

Q 용인에서 보건소장을 하시면서 느꼈던 건 뭡니까? 보람 같은 게 있었나요?

**강청희** 제가 공중보건의를 할 때도 보건지소와 보건소가 다 있었습니다. 그런데 그 당시의 보건소와 한 20년 지나서 제가 갔던 보건소를 비교하면 활동 영역이 굉장히 달라졌어요. 사업 내용이 매우 다양해졌고 예산도 상당히 많아졌습니다.

그다음에 인력이 수행하는 일의 성격이 과거보다 상당히 높은 수준으로 발전했습니다. 보건소가 예전에는 진료 중심이었어요. 소외 계층의 진료를 중심으로 보건소가 운영됐다면, 지금은 사업 중심으로 바뀌었어요. 건강 증진에 대한 모든 사업을 그 지역의 보건소가 책임지고 하는 거예요. 보건소장이 지자체장의 참모로서 지역에서의 복지부 장관의 역할을 하게 된 거죠.
그 역할을 하면서 시정을 들여다볼 기회가 있었습니다. 국장급 간부로서 간부 회의 참여를 통해 용인시가 돌아가는 내용을 모두 볼 수가 있거든요. 이것이 시정에 대한 이해도가 높아지는 계기가 되었습니다. 예산을 따와서 도로를 깔고 개발 구역을 설정하고 폐기물 환경 위생을 처리하는 등 시정의 세세한 부분을 알 수 있었습니다.
그다음에 낙하산으로 내려오는 사람들이 시 산하 공사나 기관에 가는 것도 처음 보게 됐죠. 아무튼, 일주일에 한 번씩 하는 간부 회의에 들어가기 때문에 행정 경험을 쌓는 데 아주 큰 도움이 됐어요.
특이한 게 보건소 의료 사업은 보건복지부에서 내려오는 것, 질병관리본부, 그러니까 지금의 질병관리청에서 내려오는 것, 지자체와 도에서 내려오는 것 등 여러 가지가 있는데 시에서 아무것도 신경을 안 쓰더라고요. 왜냐하면, 관리 주체가 없으니까요. 보건소는 행정안전부에서 관리하는 조직인데 실제로 하는

○ 용인시 보건소장으로 일하면서 보건복지와 사회복지의 통합 운영의 필요성을 절감했다.

일은 보건복지부 일을 하니 애매한 거죠. 마치 별동대 처럼 굴러가더라고요. 그래서 자기가 하고 싶은 일을 하면 돼요. 쉽게 얘기하면 사업을 자기가 가려서 할 수 있어요.

Q 보건소에 배정된 예산은 어땠습니까?

강청희 예산은 연간 100억 원 이상 배정되었습니다. 130억 원 정도 됐던 것 같습니다. 보건 예산은 오롯이 보건소 예산이죠. 그 예산으로 예방접종을 무료로 해주고 취약 계층 약값을 보존해주고 하는 식이예요. 그렇게 돈이 나가는 일이 많았습니다. 그래서 선출직 지자체장들이 실제로 그런 사업을 선심성 정책용으로 많이들 하죠. 저는 그중에서 크게 실효성이 없는 정책은 못 하게 브레이크도 걸고 했습니다.

Q 당시 보건소장은 얼마 동안 재직하셨습니까?

강청희 1년 반 했어요. 국민건강보험공단 급여상임이사로 가면서 그만두었지요. 김용익 이사장이 부임하시면서 도와달라고 해서 갔는데, 그때 고민을 많이 했어요. '같이 일해도 될까?' 하고 말이죠.

## 이해관계자의 갈등 조율로 이룬 보장성 강화

Q 김용익 이사장은 자기 색깔이 분명하지만, 일을 매우 잘하는 대표적인 분이었죠. 노무현 정권 때 그분이 당시 유시민 장관 추천으로 청와대 수석비서관으로 왔는데 행정관과 비서관들이 곡소리를 냈다고 합니다. 너무 일을 열심히 하시는 바람에요.

**강청희** 공단에서도 곡소리가 났어요. 김용익 이사장은 추진 의지가 강하고 집요한 분이죠. 남의 머리도 잘 빌리고요. 본인도 머리가 좋으신데 남의 머리들을 다 모아서 하다 보니까 주변이 피곤한 거죠. 또 대충대충 하는 스타일 아니고 꼼꼼하고 깐깐하고 치밀합니다. 옆에서 모시면서 많이 배웠습니다.

Q 공단에서는 어떤 보람을 느꼈습니까?

**강청희** 공단 급여이사가 하는 일이 상당히 많아요. 예전에는 거의 얼굴마담이었어요. 공단의 실장급들이 모두 실무 경험이 많고 자질이 우수하기 때문에 실장들이 다 알아서 하고 급여이사는 얼굴마담을 주로 했죠.

그런데 보장성 강화 정책이 시작되면서 그 주력 수행기관을 사실상 보건복지부 산하의 국민건강보험공단이 맡았어요. 당시 김용익 이사장도 문재인 케어 설계자라는 취지에서 오신 거고요. 문재인 케어에 대한 모든 책임을 공단이 지고 가게 되는 거예요. 그래서 급여이사가 보장성 강화 정책의 최일선에서 사실상 모든 걸 앞장서서 수행해야 했죠. 그런 의미에서 김용익 이사장도 저에게 같이 일하자고 제안한 겁니다.

제가 비례대표 도전에 실패하고 의협을 떠나면서, 뜻

을 같이하던 젊은 의사들을 모아서 '정의로운 의사 연구회'를 만들었어요. 줄여서 '정의연'이라고 부르는데 멤버를 30여 명 모아서 따로 강의도 듣고 전문가를 모셔다가 같이 연구도 했는데 그 당시에 보장성 정책이 나왔어요.

사실 이 정책이 낯설지 않았습니다. 제가 비례대표 국회의원에 도전할 때 자기소개서 외에 향후 정책 설계도 해야 했어요. 그 정책 설계에는 적정 진료, 적정 보장, 적정 부담 등 이 세 가지가 핵심이었습니다.

그때도 우리나라 보건의료가 갖는 악순환의 고리를 끊고 선순환으로 전환시킬 수 있는 좋은 정책을 많이 알려야 한다고 생각했었는데, 정의연에서 그 주제를 가지고 많이 논의했었죠. 의사들이 원하는 보장성 강화에 대한 의견을 정책 수립 단계에서 넣자고 생각해서 연구 모임을 한 거거든요. 대선 당시에도 더불어포럼 안에 문마네트워크가 별도로 구성되었는데, 정의연 소속의 젊은 의사들끼리 모여 대표를 선임하고 정책 입안 과정에 자발적인 참여가 있었습니다.

그리고 공단 급여이사가 하는 업무 중에서 제일 큰 것

이 매년 치르는 공급자와의 수가 협상이에요. 수가 협상은 국민건강보험공단이 각 공급자 단체와 1년 단위로 수가 인상률에 대해 협상하는 것입니다. 밤샘 협상을 하기도 하는데, 어느 정도 각각의 단체를 만족시켜야 하잖아요? 그런 과정에서 갈등을 조정하는 일을 많이 했죠.

각 단체가 자신들의 정치적인 입지 강화를 위한 보여주기 목적으로도 많이 대응하기 때문에 갈등을 조정하는 게 상당히 어렵죠. 과거에는 보건복지부가 주라는 대로 국민건강보험공단에서 줬어요. “병원협회 얼마 주라.” 그러면 그에 맞춰서 주고, “의사협회 얼마 주라.”고 하면 그대로 줬어요. 제가 그것을 알고 있는 이유는 대한의사협회에서 수가 받는 일을 했기 때문입니다.

그래서 제가 급여이사를 하는 동안에는 원칙 없이 그렇게 하면 안 되겠다고 생각했습니다. 보건복지부가 시키는 대로만 따라 하면 안 되겠다고요. 협상의 당사자인 국민건강보험공단이 원칙을 정하고 주도적으로 가입자와 공급자의 갈등을 조절해서 합의점을 찾아

○ 의료인 출신 최초로 국민건강보험공단 급여상임이사를 맡았다. 전문성을 가지고 국민건강보험공단의 급여 업무 영역을 확장했다는 자부심이 있다.

○ 문재인 케어는 당시 비판적인 사람들도 인정하는 선도적인 치적이었다 / 문재인 케어 체험 수기 시상식 장면

야죠.

이 일은 저만 할 수 있는 일이었어요. 왜냐하면, 의료계에서 처음 온 급여이사, 즉 공급자 출신 급여이사는 제가 최초였는데 전문성을 가진 사람이 처음으로 온 겁니다. 그래서 기대도 많았고 공단에서 따르는 직원들도 많았어요. 지금도 제가 전문성을 가지고 국민건강보험공단의 급여 업무 영역을 확장했다는 측면에서 보람을 많이 느끼고 있습니다.

Q 문재인 케어에 대해서는 어르신들도 그렇지만, 아이들 때문에 병원에 자주 가야 하는 젊은 주부들의 평가가 굉장히 좋지 않습니까?

**강청희** 비판적인 사람들조차 "문재인 정부에서 유일하게 잘한 정책이 보장성 강화 정책."이라고 할 정도로 성공한 정책이에요. 시민들의 체감도가 높은 대표적인 정책이 문재인 케어죠.

원래 국민건강보험은 적립금을 쌓는 구조가 아니에요. 그해에 필요한 돈만큼을 걷어서 그해에 쓰고, 단

기간에 갑자기 소요될 부분만큼을 예측해서 준비금으로 갖고 있으면 되거든요. 그런데 실제로는 20조 원 정도가 지금 쌓여 있어요. 이는 잘못 걷었거나 덜 썼거나 둘 중 하나에요. 사실 잘못 걷은 거죠. 어떻게 보면 많이 걷은 겁니다. 그 돈을 보장성 강화하는 쪽에 더 투입하겠다는 취지가 보장성 강화 정책이잖아요. 그래서 원래 10조 원을 쓰겠다는 목표로 시작을 한 건데 실제로 그렇게 못 썼어요. 물론 코로나 상황으로 그 외 의료 이용이 감소되었던 이유도 있었지만요.

## 인간의 존엄을 지키는 보루,

## 한국공공조직은행장

Q 그렇게 하다가 그다음에 한국공공조직은행의 은행장이 되신 거죠?

강청희 문재인 정부 때인 2021년 10월에 임명됐죠. 이 기관은 기증자로부터 채취한 인체조직을 이식재로 가공해서 필요한 환자에게 의료기관으로 분배해주는 역할을 하는 공공기관입니다. 그런데 그동안은 많은 문제를 안고 있었죠. 기존에는 단순히 기증자의 인체조직을 기증받아서 가공·보관했다가 분배하는 개념이었

재단법인 한국공공조직은행
제2대 강청희 은행장 취임식

한국공공조직은행 생명존중·생명나눔 캠페인
사전연명의료의향서 및 장기·조직 기증희망등록 참여
KoNIBP

뇌사자 장기 · 인체조직 one-stop 채취 협약식
· 일 시 : 2022.3.18 (금)
국민건강보험 일산병원
보건복지부
한국공공조직은행

한국공공조직은행 은행장으로서 죽은 자와 살아있는 자 그리고 직원들의 인권 모두를 지켜주기 위해 노력하는 인권 보호 기관을 만들고자 했다.

는데, 제가 기관의 수준을 한 단계 올렸다고 자부합니다.

죽은 자의 인권과 살아있는 자의 인권을 함께 지켜주는 기관의 사명을 만들었습니다. 자신의 사체를 기증하겠다는 뜻을 잘 받드는 일도 결국 죽은 자의 인권을 지켜주기 위한 노력입니다.

그다음에 그 혜택을 받는 환자는 살아있는 사람으로서의 인권을 찾고 있는 거죠. 내가 완전체로 살기 위한 인권이잖아요. 예기치 못한 손상으로부터 장애를 최소화하고 외형상 또는 기능적인 측면에서 완전체로 유지하고자 하는 인간 본연의 존엄한 욕구를 지켜주는 거죠.

또 여기에서 일하는 사람들의 인권도 소중합니다. 직원들의 인권도 보장받아야 한다고 생각했습니다. 그래서 저는 한국공공조직은행이 이렇게 죽은 자와 살아있는 자 그리고 직원들의 인권 모두를 지켜주기 위해 노력하는 인권 보호 기관이라고 항상 말합니다.

Q 한국공공조직은행에서 개혁을 상당히 강도 높게 하

셨다면서요?

**강청희** 제가 가서 보니까 인사 문제, 급여 체계 문제 그리고 열악한 근무 상황 등 산적한 문제들이 많았습니다. 또 상당히 숨기고 들어가는 것들이 많았어요. 예를 들어 과거에 임의로 조직 이식재를 빼서 민간 회사에 다 넘기는 사건도 있었고, 할인 판매로 인체조직 중간재를 처리했던 사례도 있었어요. 그래서 기관이 숨기고 있던 잘못들을 밝혀서 관련한 사항들을 조사하고 척결하기 위한 노력과 재발 방지 장치를 만드는 일을 주로 하게 되었어요.

Q 얼마 전에 한 언론에서 한국공공조직은행에서 의미 있는 일을 했다고 집중 조명하는 것을 들은 적이 있는데 어떤 내용이었습니까?

**강청희** 20대 병사가 지뢰를 밟아 발목 쪽이 모두 다 날아간 사고가 있었습니다. 그때 맞춤형 이식재 생산이라고 해서 수술에 필요한 이식재를 정밀하게 맞춤 생산으로 공급해 준 거죠. 외관상 구조적 모양과 기능을 모두 회복했기 때문에 부상 군인에게 새 삶을 다시 준 거잖아요? 그러니까 결국 죽은 사람의 고귀한 기증을 통해 한 젊은이에게 새로운 삶의 생명을 다시 불어넣어 준 것이기 때문에 공공조직은행으로서는 굉장히 의미 있는 사례라고 할 수 있죠.

Q 그러면 일하면서 혜택을 받았던 사람들이 감사 표시도 할 테고 글도 써서 편지를 보내기도 했을 듯한데 그런 경험들이 있습니까?

**강청희** 그런 경험은 한국공공조직은행보다 오히려 병원에서 흉부외과 의사로 근무할 때가 많았죠. 가령 《오체불만족》이라는 책에 편지를 써서 보내주는 환자도 있었습니다. 레지던트 때는 5,000원짜리 지폐를 꼭꼭 접어서 주는 분도 있었죠.

# 3부

# K-돌봄: 의료와 복지가 하나로

복지는 인간이 살면서 누구나 누려야 될 권리를 보장해주는 것입니다. 우리가 내는 세금으로 복지가 이루어지는 것입니다. 국민 모두 돌봄을 받아야 할 권리를 갖고 있습니다. 국민 건강 증진과 보건의료 관련 법·제도 제정을 위한 조율과 논의를 위해 한국보건의료포럼을 조직하여 대표를 맡은 것도 돌봄과 복지의 통합적 완성과 전 국민의 생애주기에 따른 K-돌봄을 만들기 위해서입니다.

우리나라는 복지 수준이 중간 정도에 머물고 있습니다. 대상 자체도 협소하여 전 국민이 복지를 체감하는 데 한계가 있습니다. 돌봄과 복지는 요람에서 무덤까지 시스템으로 갖춰져야 합니다. 또한, 돌봄이 가장 중심에 서서 국민에게 사회 안전망을 제공할 수 있어야 합니다. 나를 보살펴주는 나라가 가장 살기 좋은 나라입니다.

돌봄이 시대정신입니다. 보편적 의료 수준을 높여야 합니다. 그리고 K-돌봄의 정신, 즉 나눔의 정신으로 모두가 고통을 나눌 뿐만 아니라 내가 돌봄이 필요한 시기가 올 때 예를 들어 고령이 되었을 때 등에 혜택을 받을 수 있는 돌봄의 나라를 만들어야 합니다. 기본 보장성 강화를 위한 문재인 케어를 더욱 발전시켜 한국형 돌봄과 복지 제도를 만들기 위해 출마를 결심했습니다.

## 요람에서 무덤까지,
## 돌봄의 재정의

Q　한국공공조직은행 은행장직을 마치고 지금 강남에서 활동하고 계시는데, 많은 분이 복지국가 얘기를 많이 합니다. 우리나라의 복지가 선진국에 비하면 어느 정도 수준인가요? 일부에서는 복지에 너무 많은 돈을 쓰는 거 아니냐고 비판하는 분들이 있고 한쪽에서는 아직 멀었다고 보는 분들도 있습니다.

**강청희**　복지에 대한 개념 정리부터 해야 할 것 같아요. 우선 보장성 강화와 관련하여 항상 반대쪽에서는 이렇게 이야기하죠. "선택적으로 암 질환만 보장해주면 되지, 비용이 많이 들어가는데 왜 전체를 다 강화하느냐?" 라고 말이죠. 복지도 마찬가지죠. "빈민들만 구제하면 되지 왜 국민 전체에 대한 돈을 많이 쓰느냐?"라고 자꾸 말하죠. 복지 개념이 다른 거죠.

그런데 복지는 인간이 살면서 누구나 누려야 될 권리를 보장해주는, 최소한의 보장을 해주는 개념에서 시작된 거잖아요. 복지는 우리가 내는 세금으로 이루어지는 것이지 나라에서 별도로 돈을 찍어서 해주는 게 아닙니다. 세금 내는 사람이라면 당연히 받아야 할 권리를 모두 갖고 있는 겁니다. 그걸 우리가 잊고 있는 거죠.

기준 이하의 생활 수준인 사람만 혜택을 받는 게 복지라고 정의하면, 옛날 나라님이 빈민들에게 구휼미를 푸는 것과 복지가 똑같은 개념이 됩니다. 그것을 넘어서야 합니다. 이제는 선진국에서 이미 하고 있는 수준에 우리가 어느 정도 따라가 줘야죠. 대한민국은 OECD 국가에 포함되어 있잖아요.

우리가 흔히 복지가 잘돼 있는 나라를 들 때 북유럽

의 3국 이야기를 합니다. 그 사람들은 많은 세금을 내지만 평생을 믿고 살잖아요. 국가에서 자기한테 다 해줄 것이라고요. 그 정도까지 갈 수 있는 복지가 사실은 유토피아로 향하는 길이라고 생각하는데, 그게 당장은 어려우니까 단계별로 진행해야 한다는 것이죠.

당장 필요한 일은 대한민국이 초고령화 사회에 접어드는, 지금부터 2년 후인 2025년을 대비하는 것입니다. 노령 인구가 곧 전체의 50퍼센트가 될 것이라고 얘기하잖아요. 고령화에 대비한 복지 체제를 갖추어 이 사람들이 노년에 충분한 혜택을 받으면서 살 수 있게 해줘야 하지 않을까요. 그동안 고생한 사람들이니까요. 그렇게 준비해야 하고, 또 준비되어 있어야 한다고 보는데, 현실은 그런 대책이 아예 없는 것이나 마찬가지예요. 그래서 우리는 복지가 부족하다는 생각을 항상 하는 거죠.

코로나 때 정부와 지자체에서 재난지원금을 주지 않았습니까? 그 당시에 주변에서 들은 이야기가 흥미롭습니다. "정부로부터 뭘 받은 게 처음이다."라고 이야기하는 사람들이 상당히 많았어요. 그동안 세금만 냈는데 말이죠.

실제로 그렇게 받아보니까 '보편적 복지'라고 이야기하는 개념이 확 와닿았다는 것입니다. 중산층들도 세금만 냈는데, 국가와 지자체로부터 무언가를 받으니까 기분이 굉장히 좋다고 얘기를 하더라고요. 그런 이야기를 들으면서 '이제 보편적 복지가 확실히 뿌리를 내리겠구나.' 하고 생각했죠. 그런데 지금 정권이 바뀌면서 역행하고 있으니 그게 참 안타깝죠.

Q 한국보건의료포럼 대표를 맡고 계시는데 그곳은 어떤 기구입니까?

**강청희** 공단에서 급여이사직을 마치고 나올 때쯤, 그동안 건강보험정책심의위원회와 보건의료 영역에서 일할 때 알게 된 분들과 연락해서 대화했습니다. 좌에 있건 우에 있건 간에 생각들이 다 똑같다는 것을 알았습니다. 국민 건강 증진이라는 측면에서는 모두 같은 생각을 갖고 있어요. 다만 접근 방식에서 민간 우선으로 가느냐, 공공 우선으로 가느냐의 차이만 있더라고요.

국민 건강 증진이나 보건의료와 관련한 법을 만들거나 제도를 수립하기 전에 조율하는 어떤 논의체가 필요하겠다는 생각이 들었습니다. 정부가 구성한 게 아니라 자생적인 논의체면 더 효과적일 수 있겠다는 생각이 들었습니다. 그래서 다 모여서 한번 토론해보자는 의도로 만든 조직입니다.

Q 어떤 사람들이 참여했습니까?

강청희 예방의학 교수들이 보수와 진보를 가리지 않고 들어와 있고, 법률가와 회계하는 사람도 들어와 있고, 법을 집행하는 사람도 들어와 있고, 국민건강보험공단에서 실제 업무를 하던 실장급들도 참여하고 있습니다. 모두 110명 정도인데 단톡방을 만들어서 서로 소통하고 있습니다.

Q 그 조직의 역할이 뭡니까? 어떤 정책을 만드는 건가요?

한국보건의료포럼
현장 중심의 보건의료정책 개발과 실현을 위한
한국보건의료포럼
총회 -
| KH Forum |
| 환영사 | 강청희 (한국보건의료포럼 설립추진위원장)
한국보건의료포럼

현장 중심의 보건의료정책 개발과 실현을 위한

의사인력정책 무엇이 정답인가?
2023년 제3차 한국보건의료포럼
정기총회
토론
서연주
토론
이지현
토론
박건희
토론
신현웅
좌장
토론
토론
발제
임
발제

국민 건강 증진이나 보건의료와 관련한 법과 제도를 만들 때 논의하는 자생적인 민간 조직인 한국보건의료포럼을 주도적으로 만들어 대표를 맡고 있다.

**강청희** 제가 이번에 기획하고 있는 것은 필수 의료 인력 문제입니다. 의사 인력 문제에 대한 정책 방향성 관련 제언을 하기 위해서 토론을 하나 계획하고 있고요. 그 전에도 다른 이슈들을 가지고 몇 차례 토론했어요. 현재 이슈가 되고 있는 것은 제가 볼 때 의료 산업에 대한 문제, 건강 복지에 대한 문제 등인데 이와 관련해서 담론을 끌어내고 미리 사전 토론을 해서 조율된 목소리로 나갈 필요가 있다고 생각합니다.

Q 거기서 전문가들이 어떤 입장을 내면 정치권이나 정부에서 신경을 좀 쓰겠네요?

**강청희** 신경 써야죠. 왜냐하면, 정부 쪽 사람도 들어와 있거든요. 과거에 차관을 했던 분도 모셨고요. 의협에서도 대표 부회장 한 분 모셨고, 병협에서 병원장들도 들어와 있기 때문에 적어도 이 안에서 나온 얘기가 밖에서 무시할 정도는 아니라고 봅니다.
또 어떤 특정 정치권이나 특정 정당에 가까운 사람만 모여 있는 게 아니고 두루두루 망라한 조직입니다. 이런 기구가 하나 필요하겠다는 생각으로 제가 모은 것이죠. 노동계도 한국노총 쪽을 섭외해서 참여한 분이 있습니다. 관련 직역도 간호협회에서 한 분 추천을 받았고요.

Q　K-돌봄과 관련해서 묻겠습니다. 전반적으로 보실 때 우리나라가 복지 선진국들에 비하면 지금 돌봄 관련한 수준이 어느 정도입니까?

강청희　수준을 딱 잘라 평가하기는 어렵지만, 중간 이하 정도 되지 않을까 봅니다. 제가 볼 때는 일단 대상자 선정부터 차이가 납니다. 우리나라는 복지의 혜택을 받아야 하는 사람들을 차상위 계층 이하 정도로 두고 있어서 대상 자체가 굉장히 협소하게 되어 있습니다. 외국의 복지 선진국들은 전체 국민을 대상으로 해서 복지를 설계하기 때문에 그 개념 자체가 좀 다르다고 생각합니다.

Q　흔히 생각하기에 돌봄이라 하면 보통 맞벌이 부부들

을 많이 떠올리지 않습니까? 가장 필요한 대상이 맞벌이 부부인데, 그 맞벌이 부부는 서민층도 있지만 중산층도 있단 말이죠. 그런데 차상위 계층 이하만 집중적으로 혜택이 있는 상황인가요?

**강청희** 그건 복지에 대한 문제이고요. 영유아 돌봄과 관련해서는 대개 대상자가 아기를 키우면서 맞벌이를 할 때 어느 정도 혜택을 주는 제도가 지자체별로 있습니다. 지자체에서 운영하는 제도는 대체로 돌봄 도우미를 제공하거나 아니면 부부 중 한 사람이 육아휴직을 할 수 있게끔 재정적인 지원을 하는 거죠. 요즘은 부모가 함께 육아휴직을 할 수 있기 때문에 그것과 관련한 제도는 돼 있죠.

그런데 우리가 정말 사회복지라고 얘기하는 국가적인 차원에서 재원을 가지고 지원하는 부분은 좀 다릅니다. 한정적으로 계층별 또는 연령별 등으로 분절적으로 돼 있거든요. 이걸 통합적으로 관리하는 시스템이 지금 안 되어 있죠.

Q 돌봄 하면 흔히 말하는 영유아나 초등학생 등 아이들 대상으로 하는 돌봄만 보통 떠오르기 마련인데, 지금 말씀하신 걸 보면 어르신부터 시작해서 다양한 계층들을 대상으로 광범위하게 돌봄을 해야 한다는 의미로 보입니다.

강청희 영국에서 처음 복지 정책을 할 때 "요람에서 무덤까지"라는 구호가 나왔었잖아요? 한 사람이 태어나면서부터 죽을 때까지 생애 주기에 따른 모든 복지 체계가 시스템적으로 갖춰져 있어야 하죠. 돌봄이라는 이름으로, 제공하는 사람과 받는 사람이 한정적이지 않고 보편적으로 다 일치하게 돼 있어야 하는데, 우리는 분절적으로 하다 보니까 시스템도 제각각이에요.

국가에서 주는 제도가 다르고 또 지자체에서 주는 게 다르죠. 그리고 사회복지에서 주는 것도 다르고 보건에서 주는 것도 다르기 때문에 이걸 받는 사람 입장에서 보면 자기가 태어나서 죽을 때까지 안전망에 들어있다는 생각이 안 들거든요. 안전망에서는 벗어나 있는데 세금은 계속 올라가니까 거기에 대한 불만이 상당히 높아지죠.

Q 생애 주기별 돌봄 맞춤 시스템이 촘촘히 돼 있어야 하고, 중앙정부 차원과 지자체 차원에서 각각 잘 정리가 돼 있어야 하는데 단절돼 있고, 그다음에 어떤 것은 중앙정부가 아예 신경을 안 쓰고 지자체만 하는 경우도 있습니다. 지자체도 단체장이 누구냐에 따라서 제도가 바뀌기도 하니까 복지에 대해 굉장히 불안해할 수밖에 없고 사각지대가 많이 발생하거든요.

**강청희** 저는 돌봄이 보건과 분리해서 갈 수 없다고 생각합니다. 왜냐하면, 의료 서비스도 일종의 복지 체계에 포함되므로 의료와 사회복지를 서로 연계해야 하기 때문입니다. 하지만 그게 지금 전혀 안 돼 있어요. 분리가 돼 있죠.

사회복지 쪽의 예산들은 대부분 행정 쪽에 묶여 있습니다. 그리고 보건에 관한 것은 지자체 단위에서 보면 지역 보건소까지 내려가게 돼 있습니다. 그런데 그 행정 주체가 복잡합니다. 행정안전부도 관리하고 보건복지부도 관리하고 기획재정부도 뒤에서 간섭하는 등 섞여 있는 구조입니다.

그렇다면 보건소가 사회복지에 관여하느냐 하면 그렇지 못해요. 보건소는 건강 증진에 관한 사업을 추진하는 정도죠. 사회복지 안전망까지 보건소가 관여하기가 힘든 이유는 재원이 시까지 내려와서 다른 사회복지 영역에서 이루어지기 때문입니다. 실행 말단에서는 완전히 단절돼 있습니다.

# 돌봄이 시대정신이다

Q 지자체 내에서도 사회복지와 보건복지를 담당하는 보건소가 유기적으로 협업하고, 지자체별로 돌봄의 영역을 어떻게 할 것인지 계획을 수립해야 하는데 지금 체계가 그렇게 안 돼 있다는 얘기죠?

**강청희** 제가 보건소장으로 일하면서 느낀 것은 예산 수립하는 것부터 일하는 사람까지 단일화시켜야 한다는 것입니다. 정부 차원에서 그렇게 조정해야 합니다. 만약 보건소가 그 주체가 된다면 사회복지 기능도 끌어와서 같이 갖고 있어야 유기적으로 서로 결합이 되죠. 그런데 분리가 돼 있으면 결국 따로 사업이 되기 때문에 중복 투자도 많고 실제로 이루어지지 않는 부분, 즉 사각지대가 발생하거든요.

Q 이 문제는 부처 칸막이라고 비판하기 전에 정부가 문제의 핵심을 파악하고 조정을 해줘야 해결할 수 있겠네요?

**강청희** 그런데 지금 그것을 하기 어려운 이유가 지자체장을 선출직으로 하기 때문이에요. 선출직인 사람들은 이런 복지 영역에서 자기 업적을 내고 싶어 하잖아요. 공약으로도 많이 내죠.
그 공약 실행을 자기가 직접 소관하는 부서에서 하면 좋은데 보건소 같은 경우는 보건복지부를 비롯해 여러 부처에서 간섭받습니다. 질병관리청, 보건복지부, 행정안전부 세 군데에서 간섭받거든요. 하지만 행정적인 부분은 행정안전부와 본인이 시행하면 되기 때문에 시장님 입장에서는 훨씬 편하죠.

결국, 돌봄이 제대로 정착하려면 중앙정부 차원에서 생애 주기별 계획도 수립해야 하고, 이걸 집행하는 단위에서 어떻게 통합 조정을 할지, 또 지자체까지 잘 체계화시키는 게 상당히 중요한 과제입니다.

Q 돌봄이 시대정신이라고 보시는 건가요?

**강청희** 그럼요. 제가 돌봄을 시대정신을 보는 이유는 우리나라가 다른 사회 경제적인 발전에 비해서 국민이 체감하는 복지 제도가 굉장히 부족한 상황이기 때문입니다. 그런데 복지 제도를 포퓰리즘식으로 계속하다 보면 분절은 강화되고 결국 받는 사람은 한정될 수밖에 없어요. 그런 면에서 지금은 뭔가 개혁이 필요한 시기예요.

일본 같은 경우는 초고령 사회로 접어들면서 이미 노령에 대한 복지는 어느 정도 완성이 돼 있습니다. 하지만 우리나라는 2025년부터 초고령 사회가 된다고 하지만 실제로 노인 인구에 대한 복지도 완성이 안 된 상태거든요. 그것을 완성하는 과정에서 전체 생애 주기별 복지 체계를 한번 다시 점검해 볼 필요가 있는데, 돌봄이 가장 중심에 서서 국민에 대한 사회 안전망을 제공하는 게 가장 중요합니다.

특히 코로나를 겪으면서 우리가 대응하는 공적 시스템이 작동해야 국민이 안전하게 이런 질병 위기에서 벗어날 수 있다는 것을 체감했잖아요. 국가가 경제적인 결핍이나 질병 등 모든 위기에서부터 국민을 보호할 책임이 있습니다.

태어날 때부터 죽을 때까지 모든 것을 관장해서 도와주는 시스템, 그게 결국 국가의 책임이라고 생각합니다. 국민이 느끼는 살기 좋은 나라는 결국 나를 보살펴주는 나라이죠. 그 보살핀다는 개념에서는 돌봄이 시대정신이라고 생각합니다.

Q 많은 사람이 취지에 대해서는 대부분 공감을 할 것 같은데요. 그런데 일각에서는 그럴 만한 재원이 확보돼야 하는 게 아니냐고 문제를 제기합니다. 물론 아까 얘기했던 행정 시스템을 보건복지 영역에서 고치는 것도 대단히 큰 개혁이라고 보지만 재원이 수반돼

야 하잖습니까? 유럽식 복지국가들은 세금을 많이 걷어서 충당하잖아요. 하지만 그것을 국민한테 돌아가게끔 하니까 거부감이 적은데, 지금 우리 사회에서는 아직은 그러지 못한 측면도 있는 것 같아요. 이 문제를 어떻게 돌파할 수 있다고 보시나요?

**강청희** 건강보험이 좋은 예라고 생각해요. 사회보험 성격의 건강보험이 도입되면서 의료에 대한 불평등이 많이 해소되고, 누구나 자기가 질병이 있을 때 크게 비용부담 안 하고도 병원을 찾을 수 있도록 환경의 변화를 줬다고 생각합니다. 그리고 거기서 파생된 장기요양보험이 결국 노인에 대한 사회복지 개념의 재원을 끌어들인 것이거든요.
그런 재원들을 통합 관리할 필요가 있다는 것이죠. 조세 재정부터 시작해서 건강보험, 노인장기요양보험, 또 중앙정부와 지자체까지 같이 통합해서 돌봄 재정을 기금화하든지 별도로 구성할 필요가 있습니다. 그게 같이 이루어져야 의료와 복지가 결국은 합쳐서 갈 수 있습니다.

그것이 별개로 가면, 즉 재정 자체가 별개로 되면 의료와 복지를 결합하는 작업이 상당히 어렵기 때문에 세금, 사회보험 등의 재정 체계를 하나로 통합 관리하는 시스템이 필요합니다.

# 경제적 불평등의 버팀목은 돌봄이다

Q 윤석열 정부에서는 법인세를 대폭 감면했습니다. 그 다음에 소득세도 줄여주고 종합부동산세도 많이 줄이다 보니까 지금 세금 재원이 너무 없어요. 그래서 향후 5년간 60조 원 정도로 세금이 줄어든다는 전망도 나왔습니다. 이게 복지 예산을 줄이는 어떤 빌미로 지금 작동하고 있거든요. 가령 최근 들어서 문재인 케어라고 얘기하는 MRI나 초음파 혜택이 급여 기준의 축소 등으로 다시 없어지는 것을 보고 국민이 복지 축소를 피부로 느낄 것 같아요. 이런 정책에 대

해서는 어떻게 보십니까?

**강청희** 과다한 의료 서비스 이용에 대해서는 모니터링을 해야죠. 필요 없는 검사가 늘어나고 남발되는 현상은 당연히 모니터링을 하면서 줄여야죠. 이는 국민건강보험공단에서 당연히 할 일입니다.

그런데 세금을 예산으로 집행할 때 복지에 대한 것을 줄이고 다른 사회간접자본이나 기업을 위한 정책에 상당 부분 투자하는 것은 반대해야 한다고 생각합니다. 사회복지를 1번에 둘 것이냐 2번에 둘 것이냐의 문제입니다. 국민을 생각하는 정부는 국민이 안전하고 살기 좋게 보장해주는 게 우선이 돼야 합니다.

하지만 현 정부의 행태는 부자들이나 기업들이 돈 벌기 좋은 나라를 만드는 방향으로 가고 있습니다. 그러나 그 기업 종업원의 대다수를 차지하는 국민이 과연 행복할까요? 무엇으로 행복하게 해줄 것인가를 고민해야 하지 않을까요? 결국, 복지도 일정한 영역을 배분하여 항상 지원해줘야 하는데, 세수가 부족해서 복지를 줄인다는 것은 망국으로 가는 길입니다.

Q 지금 중산층들도 저축 같은 걸 제대로 하지 못하고 소비를 줄이고 있다는 얘기를 많이 하거든요. 중산층도 경제적으로 넉넉하지 않다는 이야기들이 굉장히 많이 나오고 있는데 그렇다고 느껴지십니까?

**강청희** 제가 어제 시내에 나가봤는데 지금 문 닫은 곳이 한두 군데가 아니더라고요. 코로나19가 한창일 때 삼성동이나 명동 나왔을 때보다 지금 체감하는 경기가 더 안 좋다는 생각이 들고요. 백화점 근처에 갔는데 사람이 없어요.

그 정도로 지금 경기가 얼어붙었는데 그 이유가 두 가지라고 경제 전문가들이 얘기하더라고요. 먼저 돈을 지금 풀어야 할 때인데 너무 묶어놓고 있다는 것이죠. 내수를 진작시켜야 소비가 활성화되고 그래야 돈이 돌기 시작하는데 줘야 하는 돈을 막아놓고 있으니까 오히려 역효과가 나고 있다고 지적합니다.

또 하나는 국제적으로 경제 위기가 왔는데 정부가 너무 대책이 없다고 합니다. 가시적인 대책을 전혀 보여주지 않고 앞으로 어떻게 활로를 개척해 나갈 것인지가이드를 주지 않는다는 것이죠. 이 두 가지가 가장 큰 문제라고 지적하더라고요.

Q 우크라이나 전쟁 등으로 에너지 가격이나 곡물 가격들이 오르는 것과 같은 큰 리스크가 있습니다. 정부는 이럴 때일수록 내수 진작을 해야 하는데 돈을 묶어두고 오히려 부자들을 위해서 세금을 줄이다 보니까 긴축 재정을 하고 있죠. 그러다 보니 세수 부족 현상에 따른 복지 축소 쪽으로 작동하고 있다고 많이 지적합니다. 그리고 경제적 불평등이 너무 크다는 이야기도 많이 나옵니다. 우리 사회가 가진 자와 없는 자의 간극이 너무 크고, 이것이 결국은 우리 사회 경제가 발전하는 데 발목을 잡고 있다는 지적이죠. 이런 지적에 대해서 동의하시나요?

**강청희** 동의합니다. 자기가 열심히 노동해서 번 소득으로 만족을 느끼며 사는 것이 사실 정상적인 사회 시스템입니다. 그런데 제 주변에도 보면 주식에 투자했는데 갑자기 몇십 배 올라 큰돈을 버는 사람들이 있어요. 그렇게 자본이 있는 사람들만이 결국 큰돈을 버는 사회가 됐습니다.

근로 외 소득, 자본소득이라고 하죠. 부동산 투기로 버는 사람, 주식으로 버는 사람 등 그런 쪽으로 돈이 있던 사람이 자본을 이용해서 더 큰 이익을 얻는 경우가 많기 때문에 상대적으로 노동을 해야 돈을 버는 사람들은 박탈감을 많이 느끼게 되죠.

# 의료 상업주의의 폭주를 막아야 돌봄이 산다

Q 현 정부가 의료 영리화 쪽으로 방향을 잡고 있다고 보십니까?

강청희 추진 의지가 상당히 강하다고 저는 봅니다. 일단은 원격의료 부분도 그렇고, 데이터를 관리하는 부분도 우려스럽죠.

의료 데이터는 사실 건강보험 데이터가 가장 많은 정보를 갖고 있는데 데이터 개방을 자꾸 요구하잖아요. 그게 실손보험에 어떤 도움을 주려는 부분도 있겠지민 결국 실손보험이라는 것 자체가 의료를 영리화시킬 수 있는 위험성을 갖고 있는 사업이라는 거죠. 그쪽에 더 치중하는 모습이 첫 번째고요. 두 번째는 해외에다가 데이터를 줄 수 있는, 어떻게 보면 파는 거죠. 데이터를 상업화하는 그런 생각을 갖고 있는 사람들이 많이 있어요.

Q 환자들의 정보가 넘어가는 것 아닙니까?

**강청희** 환자 개개인의 정보는 비식별 처리를 하기 때문에 괜찮다고 생각할 수 있지만, 비식별 처리된 것도 언제든지 식별 가능하다는 게 전문가들 얘기거든요. 아무리 무기명 처리하고 비식별 처리를 해도 목적을 갖고 재처리를 하다 보면 결국 개인에 대한 정보를 알 수 있다는 것이죠. 아마 그게 의료 영리화로 가는 첫 번째 방법일 거예요.

Q 최근에 응급실 관련해서 인력을 줄인다는 등 여러 이야기가 나오고 있습니다. 지금 병원들이 어렵기 때문

이라고 하는데… 그럼, 결국 미국처럼 가는 거 아니냐, 즉 응급 환자가 발생했을 때 이제 보험에서 처리하라는 게 아니냐는 지적이 있습니다. 실손보험에 가입한 사람들만 치료받을 수 있는 것이죠. 그래서 의료 영리화로 가기 위한 하나의 방안이라고 주장하는 분들도 있더라고요.

강청희 아직 실손보험회사들이 병원과 선별적으로 계약을 하고 있지는 않거든요. 그런데 앞으로 제도가 바뀌어서 실손보험회사가 인정하는 조건의 가입 계약자와 공급 병원과만 계약한다면 결국 실손보험에 가입한 사람만 자기가 원하는 병원에 갈 수 있는 세상이 오는 거죠. 그게 미국 같은 세상이거든요.

Q 그러니까 손가락 다쳐서 봉합 수술하는 비용이 1,000만~2,000만 원 한다는 이야기가 나오더라고요?

강청희 1,000만 원은 안 들어가고요. 실손보험에서 그 병원하고 계약할 때 의료 단가를 정하잖아요. 그런데 지금은 건강보험 수가에 모든 게 묶여 있어요. 그래서 앞으로 실손보험이 과연 그 틀을 빠져나갈 수 있느냐고 하면, 그것은 어려울 것 같습니다.

그 대신에 당연 지정이 아니라 선별적으로 지정할 수 있는 권한이 실손보험 회사에 주어지면, 예를 들어 삼성생명은 삼성의료원만 계약하는 거죠. 환자가 삼성의료원에 가고 싶으면 삼성생명과 계약해야 하는 것입니다. 그게 그 사람들이 꿈꾸는 의료 세상인데 실제로 가능하지는 않을 거예요. 국민이 다 눈 뜨고 지켜보고 있으니까요.

Q 삼성생명 사례를 들어보니 병원과 실손보험이 묶일 수 있는 구조가 꽤 돼 있네요?

**강청희** 삼성병원을 처음 만들 때 사람들이 반대했던 이유가 삼성이 그런 금융 사업 시스템을 갖고 있었기 때문입니다. 병원이 비영리라고 하지만, 금융과 결합하면 보험사가 사보험 시장을 더욱 공고히 할 수 있는 거죠. 이미 우리나라에서 실손보험료 부담은 매우 큽니다.

가구당 30만 원 이상씩 내고 있습니다. 그러면 건강보험이 모두 부담해줘야 할 질병 치료 비용을 결국 실손보험이 어느 정도 영역을 갖고 별도로 보장해야 한다는 논리가 성립되죠.

Q 좋은 병원 가려고 해도 실손보험에 들지 않으면 갈 수 없는 세상이 올 수도 있다는 거잖아요?

강청희 좋은 병원이 만약 "우리는 계약된 사보험 환자만 받겠다."라고 하는 영리 병원이 된다면 사실 못 가는 거죠.

Q 지금은 법적으로 병원이 영리 행위를 못 하게 돼 있잖아요?

강청희 앞으로 영리 병원이 도입될 수도 있죠.

Q 병원비라는 게 몇천만 원부터 몇십만 원까지 굉장히 다양하게 돼 있는데 돈 많은 사람들만 좋은 의료 혜

택을 받을 수 있겠군요.

강청희 그래서 가장 좋은 것은 보편적 의료 수준을 높여놓는 것입니다. 그런데 보편적 의료 수준을 높이기 위해서는 막강한 재원이 필요하거든요. 정부의 의지가 중요하죠. 국민건강보험공단이 그래도 재원을 많이 확보하고 있고, 그 재원이 튼튼해야 국민건강보험 당연 지정제로 돈을 받아 가는 모든 의료기관을 대상으로 어느 정도 평균적인 진료 시스템을 요구할 수 있습니다. 사실 국민의 니즈가 어디에 있냐에 달려 있죠. "나는 외국 나가서 수술할 정도로 고급 진료를 받고 싶다." 라고 하는 사람은 그렇게 가는 거고요.

Q 그런 사람은 소수 아닐까요? 지금 의료 수준이 굉장히 높지 않습니까?

강청희 아주 높다고는 생각하진 않아요. 일반적으로 개개인의 의사들이 개별적인 노력을 해서 미국에 연수를 갔다 오는 등 새로운 의료 기술을 갖고 와서 도입하는

세계의사회에 한국단장으로 참가했을 때, 한국 보건의료와 복지를 통합하여 세계적인 수준으로 발전시켜야 함을 절박하게 인식했다.

기간이 한 5년 정도 차이가 있거든요. 3년에서 5년 정도 격차가 있다고 보는데, 수술하는 기술은 외국보다 뛰어나다고 하지만 그것은 옛날부터 있던 수술법 얘기고, 새롭게 개발되는 신의료 기술을 도입하는 데 시간 차이는 있어요.

그 차이를 당장 따라잡을 수는 없지만, 많은 투자가 이루어져야 하잖아요? 그러나 우리나라는 사실 국가 차원에서 투자하지는 않아요. 개인의 투자로 이루어지는 거죠. 그렇기 때문에 국민건강보험은 앞으로 의료 기술 격차를 줄이는 노력에 투자하고 의료 종사 인력을 키우는 데에도 재정을 투입해야 합니다.

# K-돌봄에 깃든 나눔의 정신

Q 지금 국민건강보험 재정이 어떤 상태인가요?

**강청희** 국민건강보험 재정이 한 100조 원 정도 되고요. 현재는 재정이 부실하지 않지만, 미래에 닥쳐올 더 많은 소요 비용에 대한 대비가 필요한 상황입니다. 국민은 자산과 소득 모두에 부과하는 지역 가입자 징수 체계에 대한 불만이 상당히 많은 것으로 알고 있습니다. 단계적 개편이 필요합니다.

Q　저 같은 경우도 병원 가는 횟수에 비하면 건강보험료를 많이 내기는 합니다. 그러나 저를 비롯한 많은 국민이 몸이 아주 안 좋을 때 내가 의탁할 수 있다는, 즉 건강보험 혜택이 있다는 믿음 같은 게 있지 않습니까?

**강청희**　있죠. 특히 코로나 때 치료비를 건강보험에서 전액 부담했잖아요. 그런 경험이 있기 때문에 우리나라 국민이 건강보험료를 내는 것에 대한 거부감이 사실은 크지는 않아요. 그런데 지역 건강보험과 직장 건강보험 징수 요율을 정한 것이 상당히 불평등하다고 생각하기 때문에 불만이 있죠. 지역 가입자들이 좀 더 많이 내게 되는 상황에 처해 있습니다. 누구나 본인의 자산과 소득 모두에 부과하는 것에 대해 상당히 부담스러워하죠. 나의 발생 수입에 대해서 돈을 내는 건 좋지만, 은퇴해서 수입이 없는데도 과도하게 돈을 내게 하면 결국 자산을 팔아야 하잖아요.

Q　그러니까 어르신 중에 세대 독립한 자녀의 부양가족

으로 이름을 올리는 일이 많지 않습니까?

강청희 부양가족도 이제 금액이 한도가 정해졌습니다. 연간 소득의 합계액을 기준으로 정해서 부양가족 등재 여부를 가려요. 그래서 지금은 많이 개별 세대로 빠져나간 상태이고, 거기에 대한 불만들이 상당히 늘어나고 있어요.

Q 어르신들이 병원에 많이 가긴 하잖아요. 따지고 보면 강남에 좋은 집을 가지고 있으면 세금을 많이 내는 게 현실이잖아요?

강청희 저는 돌봄도 재정이 그런 식으로 운영이 된다고 보거든요. 국민건강보험에서 이미 국민이 학습했어요. 내가 젊었을 때 일하면서 돈을 많이 냈기 때문에 나이가 들어서 병원에 많이 갈 때 이런 혜택을 받게 된다는 것을 이미 경험한 게 있거든요. 젊었을 때 내는 것에 대한 부담감들을 많이 줄여놓은 거예요. 돌봄도 마찬가지로 내가 돌봄에 필요한 재원을 부담하기 위해서 세금을 더 내지만 나이가 들어서 자신이 정작 돌봄이 필요할 때 정말 자신에게 도움이 되는 제도라는 걸 인식하게끔 해주는 것이 돌봄의 시작점이라고 생각합니다.

정책이 성공하려면 국민의 신뢰가 있어야 하죠. 10년, 20년이 지나도 그 믿음이 있어야 정책이 성공할 수 있는데 그동안 그런 부분은 어느 정도 신뢰가 있었잖아요? 국가가 그래도 노후를 책임져야 한다는 믿음 말이죠. 물론 풍족하게는 안 하더라도 기본적인 복지 서비스, 예를 들어 기초연금 같은 경우도 그런 맥락에서 나온 거라고 볼 수 있습니다.

Q 저출산 문제가 심각한데 돌봄이 잘 안착되면 저출산 문제도 극복하는 게 가능할까요?

**강청희** 당연히 가능하다고 생각합니다. 좁은 의미에서 돌봄을 보면 가사도우미가 방문해서 대신 일을 해주고, 요양보호사가 방문해서 요양을 도와주는 개념으로 접근할 수 있습니다. 그런데 사실 돌봄 개념은 굉장히 넓게 볼 수 있습니다.

예를 들어 저출산 상황에서 나이가 많은 부부가 출산하게끔 도와주는 것도 하나의 돌봄입니다. 정자를 보존하든 난자를 보존하든 나중에 쓸 때 들어가는 비용은 지금도 지원하고 있지만 좀 부족하죠.

또 사회 문화적인 구조도 바꿔야 합니다. 저출산 문제를 해결하는 데는 돌봄도 중요하지만, 결혼 제도에 대한 문제도 한번 다시 생각해볼 필요가 있다고 봅니다. 가령 미혼모에 대한 지원이 없잖아요. 우리 사회가 미혼모에 대해 백안시하는 문화적 경향이 아직도 강하죠. 여성 단체 등 도움을 주는 기관은 있지만, 국가적으로 지원하는 제도는 없잖아요. 또 하나 여자들이 임신을 피하는 이유가 경력 단절 때문입니다. 따라서 경력 단절에 대한 불안이나 공포를 해결할 수 있는 제도적인 뒷받침이 있어야죠.

Q 예를 들면 경력 단절 여성이 나중에 사회로 복귀할 때 그 직전 직장에 들어가면 그 기업에 6개월 동안은 세금 혜택을 준다든가, 아니면 급여의 30퍼센트 정도

는 정부가 지원해준다든가 해야 해당 기업도 부담이 적거든요. 이런 식으로 파격적인 정책을 해야 하지 않을까요?

강청희 그것도 돌봄이라고 봐요. 그리고 지원해주는 범위가 넓어야 합니다. 출산할 수 있게 모성 건강도 지원해주고, 모성 건강 외에 출산 후에 복귀해서 일할 때 아무런 제약이 없도록 해야 합니다. 이러한 것과 관련한 재정적 지원이나 사회적 도움을 줄 때 그것도 돌봄이죠.

Q 지금 다른 나라 중에서 돌봄과 관련해 앞서가는 사례로 어떤 게 있습니까?

강청희 제가 직접 가서 본 것은 일본, 덴마크, 노르웨이 등입니다. 덴마크 같은 경우는 진짜 요람에서 무덤까지죠. 병원 수준은 우리나라 병원에 비해서 건물이 좋거나 시설이 좋거나 하지는 않아요. 그런데 내용은 꽉 차 있어요. 영국도 마찬가지이지만, 덴마크처럼 사회보장이 잘된 나라들이 형식적인 면에서는 별로 투자를 안 하지만 내용적인 면에서는 많이 하죠.

Q 내용적인 면이라면 어떤 것을 뜻합니까?

강청희 아픈 사람이나 돌봄이 필요한 사람이 누구인지 어디에 있는지 발굴하는 작업을 들 수 있습니다. 그것과 관련한 데이터 관리가 잘돼 있습니다. 영국도 보면 의료 데이터와 복지 데이터를 하나로 통합한 NHS 데이터라는 게 있어요. NHS 데이터에서 통합해서 관리해요. 그 데이터가 절대 다른 데로 유출되지는 않는 시스템들이 이미 돼 있습니다. 노르웨이도 개인 평생 데이터가 국가적으로 관리되고 있어요.

그런데 관리되는 내 데이터를 밖으로 유출하거나 팔아먹는 일이 없다는 믿음이 있어야 내 데이터를 맡길 수 있지 않겠습니까? 그런데 우리나라는 지금 데이터를 맡기려고 해도 자꾸 영리 목적으로, 또 사업적으로 쓰려고 합니다. 그래서 사람들이 내놓는 것을 꺼리게 할 수가 있거든요. 그 시스템이 완비돼야 대상자가 누구인지를 정확히 알아서 접근할 수가 있죠.

그리고 일본과 유럽은 봉건 제도가 발달했던 국가였기 때문에 지역 할당이 잘돼 있습니다. 지역적으로 재정 자립도 돼 있고, 지역의 의료도 통합적으로 관리가 돼 있고, 복지 제도도 지역별로 잘 짜여 있습니다. 그런데 우리는 중앙집권 국가에서 시작됐잖아요? 조선 시대나 고려 시대 할 것 없이 중앙집권을 했잖아요. 그러다 보니까 지역에 대한 할당 구조가 잘 안 돼 있어요. 지금도 마찬가지고요. 그래서 그 제도를 곧장 갖고 들어올 수는 없고, 우리는 어차피 중앙이 관리하는 체계로 돼 있기 때문에 한국에 맞는 한국형 복지 제도를 설계해야 하죠.

Q 지금 의료 관련해서도 지방에는 대형 병원이라든가 신뢰할 수 있는 거점 병원들이 좀 부족하지 않습니까? 그러다 보니까 서울로 환자들이 몰리잖아요. 큰 병을 앓거나 불안감이 있을 때 서울로 오려고 하는데, 이 문제가 굉장히 심각한 것 같아요. 이 문제는 어떻게 해결해야 할까요?

**강청희** 국민건강보험공단에 있을 때 어느 교수님이 실제 데이터를 바탕으로 우리나라 의료 이용 지도를 만들었어요. 이 의료 이용 지도를 단순하게 보면 서울과 수도권에 모든 게 집중돼 있고 지방은 모두 기피하는 모습이 드러났어요. 환자도 기피하고 의료진도 기피하는 이런 상황이 벌어졌습니다.

권역별로 중점 병원을 마련해서 응급 질환이나 기초적인 질환들에 대한 해결은 지역 단위에서 가능합니다. 그러나 실제로 항암 치료나 또 다른 전문적인 대응이 필요한 치료들까지 지역에 다 분산해서 투자하는 것은 사실 힘들죠.

한국과 미국이 다른 점은, 미국은 땅덩어리가 크고 우리나라는 작다는 거예요. KTX가 생기면서 부산에서 서울까지 3시간이면 올라올 수 있게 되었습니다. 그러다 보니까 응급 체계는 지역 거점이 필요한데 과연 난이도가 높은 의료를 지방까지 중복으로 투자할 필요가 있느냐 하는 이슈가 생겼고, 의료계 안에서도 좀 논란이 많습니다.

그래서 의료 계획도 환자 숫자를 예상해놓고 그 예상

에 맞게 보건의료 인력 자원 계획도 세워야 합니다. 또 질환이 늘어나는 추세가 있거든요. 예를 들어 폐암이 올해는 몇 명이었는데 내년에 몇 명이니까 거기에 추계를 해서 지역별로 필요한 인원들이 배치될 수 있게 하는 전체적인 자원 계획이 필요하죠.

문재인 정부 때 보건의료 종합 계획이라는 게 있었죠. 처음 만들었습니다. 그게 주먹구구식으로 하다 보니까 좀 부족한 부분은 있는데, 처음 만들었다는 건 상당히 의미가 있고요. 이번에 또 개편해야 할 시기가 됐어요. 지금 보건복지부에서 하고 있는 걸로 알고 있는데요.

그런데 보건복지부가 할 때 보건의료만 하거든요. 사회복지도 같이 넣어서 연계하는 계획을 세워야 포괄적으로 같이 진행됩니다. 복지 따로 보건 따로 만들기 때문에 보건복지부도 사실 연계가 잘 안 되는 거죠.

Q 많은 사람이 문재인 정부의 민생 정책 중에서 기억나는 게 문재인 케어라고 합니다. 특히 치매 국가 돌봄인가요? 치매 관련해서 치매 센터 만들었던 게 굉장

히 임팩트가 있었다는 얘기를 많이 들었습니다. 실제로 인터뷰해 보면 문재인 케어의 혜택을 받은 분들, 특히 주부들이 이 얘기를 상당히 많이 해요. 그 당시의 문재인 케어라든가 국가 치매 돌봄 정책에 대해 어떻게 평가하십니까?

**강청희** 당연히 해야 할 정책을 한 것으로 생각해요. 4대 중증 질환에 대해서는 박근혜 정부 때 이미 암 환자에 대한 혜택을 주는 의미의 선택적 복지를 진행했죠. 그걸 보편적으로 푼 거거든요. 전체 국민을 대상으로요.

보건의료에는 세 주체가 있습니다. 국민건강보험 가입자, 공급자인 의사나 병원 등 의료기관들, 정부나 국민건강보험공단이 주체가 되는 보험자입니다. 이 세 주체가 항상 불만을 토로했던 게 저수가, 저보장, 저부담이었습니다.

저부담은 국민이 건강보험료를 다른 OECD 국가와 비교해서 상대적으로 적게 낸다는 것입니다. 정도의 차이는 있지만, 저부담을 하다 보니까 재원이 적어서 의료수가가 낮고, 수가가 낮으니까 공급자도 행복하지 않죠. 이것 때문에 서로 갈등이 생기는 거죠.

이것을 적정하게 만드는 게 사실 문재인 케어의 핵심이에요. 국민에게 적정한 보장을 하고 그에 따른 적정 부담을 하도록 하여 공급자에게는 적정 수가를 주는 것입니다. 그래야 세 주체가 합이 맞아 돌아갑니다. 선순환 구조에 들어가는 거죠. 선순환 구조로 가기 위한 정책을 짠 게 문재인 케어의 기본 보장성 강화입니다. 그래서 그 점에 대해서 저는 100퍼센트 필요한 정책을 필요한 시기에 했다고 봅니다.

Q 그럼, 정권이 바뀌었더라도 이걸 더 확대해야 하는 거 아닌가요?

**강청희** 이어서 갔어야죠. 우리는 코로나19라는 변혁기 때 보장성 강화를 했기 때문에 코로나 위기를 잘 버틸 수 있었던 거예요. 코로나19가 끝난 상황에서는 한 단계 더 업그레이드하는 정책을 펴야 하는데 지금 보면 중단된 상태죠.

○ 문재인 케어는 다음 정부에서 계승되어야 할 좋은 정책이지만, 그렇게 되지 않았다.

○ 국민건강보험공단 급여상임이사 재임 때 대통령 표창을 받았다.

결국, 중단된 상태에서는 실손보험이 다시 고개를 들게 되고, 실손보험의 비중이 높아지면 국민건강보험 적정 보장성은 자꾸 후퇴할 수밖에 없습니다. 그러니까 지금 아주 중요한 시기에 정책이 실기하고 있다는 생각이 듭니다. 사실 이번에 이렇게 출마하게 된 것도 정말 중요한 시기에 우리가 다시 잡고 가야 한다는 생각 때문이에요.

Q 지금 정치권에 관심을 가진 이유도 이런 현 정권의 보건복지 정책을 가만히 놔두면 안 되겠다는 생각이었군요.

**강청희** 이렇게 가면 큰일납니다. 한 20년 전으로 후퇴하는 거거든요. 지금 전 사회적으로 과거로 후퇴하는 거 아니냐는 지적들이 있는데, 보건의료 정책도 그런 징후들이 너무 많이 나타나고 있어요. 보건복지부가 아무것도 안 하잖아요. 새로운 정책이 없어요.

Q K–돌봄을 말씀하실 때 거기에 나눔의 정신이 들어있

다고 하셨습니다. 어떤 의미입니까?

**강청희** 나눔이라는 게 좁은 의미로는 내가 가진 것을 베풀어서 나눠준다는 뜻도 있습니다. 그런데 더 넓게 생각할 수 있습니다. 어려움도 나누는 거거든요. 고통도 분담하잖아요. 누구나 태어나면 늙고 병들고 장애가 생기게 돼 있어요. 그 시기를 대비해서 많은 사람이 힘을 모아 준비해야 정말 그런 시기에 도달했을 때 자기가 혜택을 볼 수 있습니다. 그래서 나눔 정신이 굉장히 중요하다고 봅니다.

그 나눔의 개념은 잉여금을 주는 개념보다는 고통을 나누기 위해서 내가 부담하고 나누는 개념으로 접근해야 한다고 봅니다.

# 4부

# 돌봄도 강남이다!

K-돌봄은 지자체 재정이 탄탄하고, 많은 세금을 내지만 정작 체감적인 혜택을 보지 못하는 곳에서 먼저 시작해야 합니다. 그곳이 바로 강남입니다. 그런데 강남 지역은 보수의 텃밭으로 불립니다. 정작 주민들은 보수 정권과 지방 정부가 돌봄을 위해 무엇을 했느냐고 상당한 불만을 토로합니다.

제가 강남에서 출마하는 이유는 떳떳한 정치와 돌봄 1번지를 만들기 위해서입니다. 정치적 꼼수를 부리지 않고 구태를 타파하는 떳떳한 정치를 하겠습니다. 그리고 강남이 돌봄 1번지가 될 수 있도록 노력하겠습니다. 보수의 텃밭에서 벗어나 주민들이 정말 혜택받고 대접받을 수 있는 강남을 만드는 게 제 사명입니다.

국회에 들어가면 보건복지위에서 전문성을 살려 보건복지 정책 개발과 입안, 실현 등을 주도하겠습니다. 국민을 위한 돌봄 정치를 하겠습니다. 지금 윤석열 정부는 편을 가르고 적대적인 정치를 하고 있습니다. 돌봄의 영역은 자꾸만 축소됩니다. 결국, 반쪽짜리 정부이고 무책임한 대통령입니다. 대통령이라는 선출직은 국민을 모시는 머슴입니다. 정치는 진영이나 사익이 아니라 국민을 중심에 둬야 합니다. 저는 국민이 중심이 되는 정치를 하려 합니다. 떳떳하고 깨끗한 정치인이 되겠습니다.

# K-돌봄의 출발점은 강남이다?

Q　강남이 K-돌봄의 출발점이 되어야 한다고 주장하고 계시는데 그 이유는 뭡니까?

**강청희**　K-돌봄이라는 게 결국은 지자체 재정이 좀 탄탄한 곳, 그리고 주민이 많은 세금을 내고 있지만 실제로는 체감적인 혜택을 보지 못하는 곳에서 먼저 시작해야 합니다. 저는 그 대표적인 곳이 강남이라고 생각합니다. 강남에서 이런 제도를 처음으로 시작해서 모델 케이스를 만들어야 다른 지자체로 확산시킬 수 있습니다. 결국, 돌봄 정책은 지자체 중심으로 제도가 정착되어야 하기 때문입니다.

Q 강남이라든가 중산층 대표 지역들은 재원이 좀 넉넉하니까 그런 곳부터 시작하고, 그러다 보면 지자체 재정력에 따라서 편차가 상당히 클 텐데, 중앙정부 차원에서 재정이 열악한 데는 어떻게 할 건지 대책을 세우겠죠. 이러한 것을 볼 때 먼저 치고 나가는 역할로서 강남이 중요하다는 말씀은 굉장히 설득력이 있습니다.

**강청희** 그 외에도 이유가 많습니다. 우선 노령 인구도 강남 지역에 상당히 많습니다.

Q 강남 지자체가 그런 노력을 지금 하고 있습니까?

**강청희** 지자체별로 나름대로 하고 있겠지만 체감하기엔 많이 부족하죠. 지자체도 중앙정부에서 시키는 걸 주로 수행하기 때문에 과연 돌봄에 대한 필요성에 대해 어느 정도 수준까지 인지하고 있는지 모르겠어요. 흔히들 사회복지적인 측면에서의 돌봄만 생각하지만, 사실 인프라를 구축하는 것도 중요하거든요. 예를 들어 돌봄의 대상이 되는 노인, 장애인 등이 모여서 거주할 수 있는 주거시설도 만들어야 합니다. 그리고 데이케어를 할 수 있는 시설도 만들어야 하고요. 이러한 시설 투자가 필요한 부분이 있기 때문에 자본력이 있는 지자체가 먼저 접근하는 게 쉬워요.

Q 강남에 잘사는 분들이 많이 있지만, 또 힘들게 사는 분들도 많아서 불평등이 굉장히 심한 곳 아닙니까?

**강청희** 지역적으로 좀 많은 차이가 있죠. 가령 자녀 학업을 위해서 지방이나 서울의 또 다른 지역에서 유입되는 인구도 있는데, 이런 사람들이 맹모삼천지교처럼 자녀 공부를 위해 학원 보내려고 왔지만 실제로 부유층은 아니거든요. 같은 강남 안에서도 지역적 격차는 분명히 존재합니다.

Q　강남이 정치 성향으로 보면 보수 성향으로 알려져 있습니다. 그런데 돌봄이라면 정치적으로 유럽의 복지를 따르는 정당들이 관심이 큽니다. 특히 민주당 쪽이 돌봄 복지를 많이 강조하고 있습니다. 이러한 정치적인 차이에도 불구하고 K-돌봄의 모범을 보여준다면 국민의힘이나 민주당이나 어떤 정치 세력이 들어서든 간에 혹은 앞으로 대통령이 누가 되더라도, 돌봄은 시대적 흐름이라고 인정받는 셈이잖아요. 강남에서 먼저 확실히 모범을 세운다는 그런 의미도 있겠네요.

**강청희**　중요한 의미가 있죠. 강남이 보수 텃밭이라고 많이 이야기 합니다. 지난번 대선에서도 드러났지만, 강남을 서울의 TK라고 그러잖아요. 사실 보수가 볼 때는 강남 지역이 자신들을 위한 꿀물이 흐르는 땅이죠. 아무것도 하지 않으면서 꿀맛만 보는 거죠. 그러나 주민들은 “진짜 세금 많이 내는데 중앙정부는 뭐 하지? 지방 정부는 뭐 하지?” 하며 고개를 갸웃거립니다. 특히 “강남구와 서울시는 뭐하냐?”고 말이죠. 주민들

만나보면 불만들이 많아요. 젊은 엄마들이나 학부모를 만나서 얘기를 들어보면, 저는 미처 몰랐는데 굉장히 불만도 많고 뭔가 필요하다는 생각들도 많이 하기 때문에, 그런 문제를 듣고 해결해주는 데 민주당이 정말 노력을 더 많이 해야 합니다.

Q 예를 들면 행정이나 복지와 관련해서 전국에서 어떤 부분은 어디가 잘하는지 모범적인 사례를 알 수 있잖아요. 돌봄도 재정이 제일 넉넉한 강남이 제대로 계획을 세워서 잘하고 있는 사례들까지 다 취합하여 딱 펼쳐주면 좋을 것 같아요.

강청희 우리가 공공 의료가 항상 취약하다고 이야기하잖아요? 그 이유가 무엇인지 생각해봅시다. 과거의 정권들이 병원이 부족했을 때 전 국민 의료보험을 하기 위해서 병원을 만들어야 하는데 공적 병원을 먼저 만들고 시작했으면 공공 의료가 취약했을 리가 없겠죠. 그런데 공적 병원 대신 민간을 키운 거죠. 민간에 중점을 뒀기 때문에 그때 자본 투자를 받아서 병원 했던 사람들이 지금 300병상 정도의 규모를 갖고 있으면서도 병원 의료 수준은 높지 않고 돈은 빼가는 구조를 만들어 놓은 거거든요.

복지도 똑같아요. 공적 복지 제도 체계가 안 돼 있으니까 민간이 들어와서 요양원 등을 하면서 도우미 등 돌봄을 제공하고 있죠. 이렇듯 요양시설이나 요양 체계를 처음 인프라를 세울 때 민간에 먼저 돈을 지원해서 만들게 하면 그 사람들은 돈을 버는 구조로 가기 때문에 결국 주민들은 비싼 돈을 내고 그 시설을 이용해야 하거든요.

100퍼센트 공공 돌봄으로 할 수는 없지만, 처음 시작은 공적 돌봄 시스템이 먼저 들어가서 어느 정도 완성이 된 후에 민간의 진입을 허용하는 방식으로 가야 합니다. 일본은 그렇게 돼 있어요. 일본은 처음에 공공이 먼저 인프라를 구축하고, 그 인프라가 어느 정도 완성됐을 때 재정적인 어려움, 즉 세금을 기반으로 한 소요 예산이 많이 들어가는 상황에서 지방정부의 부담을 덜고자 민간한테 하나씩 떼어주고 있지요. 그래야 민간이 어떤 규율에 따라 움직이는데 그렇지 않고 민간을 먼저 풀어놓으면 문제가 생길 수밖에 없습니다. 이런 관점에서 볼 때 윤석열 정부의 복지 민영화 관련 이슈는 걱정스러울 수밖에 없습니다.

Q 교육도 사실 서울대가 있지만, 거점별로 국공립 거점 명문 대학을 만들면 지역의 뛰어난 인재들이 다 서울로만 오는 게 아니라 각 지역에서 엘리트 교육들을 받아서 사회가 건강해질 수 있잖아요?

**강청희** 먼저 사학을 키워놓으니까 그 사학은 당연히 영리로 가죠. 대학 등록금도 많이 받고요. 교육이나 의료 다 마찬가지예요. 정권에 따라서 중점을 어디에 두느냐에 따라 달라집니다. 국민을 위한 공적인 시스템을 구축하는 데 정권의 가치와 중점을 두느냐, 아니면 민간을 가져다가 키워서 재정이 잘 돌게 하는 것에 중점을 두느냐에 따라 국민의 생활이 달라지죠.

Q 지역의 시민들을 많이 만나볼 텐데 내년에 정치권에 도전해보겠다는 의지를 갖고 계시잖아요? 왜 강남이

냐는 얘기들도 많이 들을 것 같아요. 사람은 좋은데 왜 강남이냐고요. 어째서 강남을 선택하셨나요?

**강청희** 첫째는 정치에 대해서 크게 꿈을 갖고 있지는 않았지만 적어도 제가 사는 지역에서 나가는 게 가장 떳떳하다고 생각했습니다. 지금 제가 강남구에 있는 작은 아파트에 10년째 살고 있는데, 선거를 위해서 다른 지역, 예컨대 민주당 후보가 당선 가능성이 큰 쪽으로 옮기는 게 과연 제가 추구하는 정치와 맞는 것인지에 대한 회의감을 평소에도 가지고 있었습니다. 저는 그런 정치 행태는 새로운 정치가 아니라고 생각합니다. 구태를 답습하는 것이기 때문에 그렇게 하기 싫었던 게 가장 컸고요.

둘째, 강남이 정말 돌봄 1번지가 돼야 한다는 생각에서 이곳에서 출마하기로 결심했습니다. 지난 대선에서 보여준 것처럼 보수가 무조건 꿀을 빨아 먹는 강남이 아니라 주민들이 정말 혜택을 받고 세금 낸 만큼의 대접을 받을 수 있는 그런 강남을 만들어주는 게 제 사명이라고 생각해요. 그래서 민주당도 당연히 강남 지역을 포기하고 배척할 게 아니라 이곳 사람들이 뭘 요구하는지 적극적으로 그 니즈를 알아 거기에 대해서 반응하고 필요한 정책을 수립해야 합니다. 이 과정에서 강남 주민과 당 사이에서 가교의 역할을 바로 제가 하는 게 맞는다고 확신합니다.

셋째, 강남 지역에 의사들이 많이 있죠. 의사들도 많이 모이는 이유가 결국 교육 문제 때문이에요. 그래서 교육 개혁이나 의료 개혁, 사회 개혁을 하려면 강남처럼 좋은 곳이 없겠더라고요. 그래서 저는 강남 지역을 선택하게 됐어요.

Q 만약 국회에 입성하신다면 어떤 정책을 펼치고 싶습니까?

**강청희** 국회에 입성하게 되면 당연히 보건복지위에서 활동하고 싶습니다. 제 전문성을 살려야 한다고 봅니다. 지난번에 한국공공조직은행과 관련하여 국감에 참여해서 보니 현재 보건복지위는 상당히 전문성이 부족해요. 그 이유가 실제로 보건복지와 관련한 일을 하던 사람이 들어와 있는 경우가 별로 없기 때문입니다. 그게 제일 문제라서 실전 경험이 있는 제가 가서 중심을 잡을 필요가 있다고 생각했습니다. 정책 개발부터 정책 입안, 정책 집행과 실현 등 모든 단계를 경험해 봤기 때문에 그런 면에서 저는 강점이 있다고 봅니다. 그리고 제가 하고 싶은 정책은 돌봄 관련인데, K-돌봄을 설계부터 입법 과정, 그리고 실행까지 모두 주도적으로 한번 해볼 각오가 서 있습니다.

Q 선진국하고 경쟁할 수 있는 정도의 복지 제도를 제대로 한번 만들어보고 싶다는 거죠?

**강청희** 선진국을 따라갈 수 있는 정도죠. 경쟁까지는 아직 우리가 못하고요. 그러나 적어도 우리나라 국민도 선진국 국민에 부합하는 혜택을 국가로부터 받아야죠. 당연한 권리를 찾는 것이죠. K-돌봄은 중앙정부 외에 지자체 역할이라는 게 또 별도로 있는 거니까 강남구를 설득해서 강남에서 먼저 선도적인 시범 사업 같은 걸 대대적으로 해보고 싶습니다.

○ 영국 NHS-Digital 출장 방문

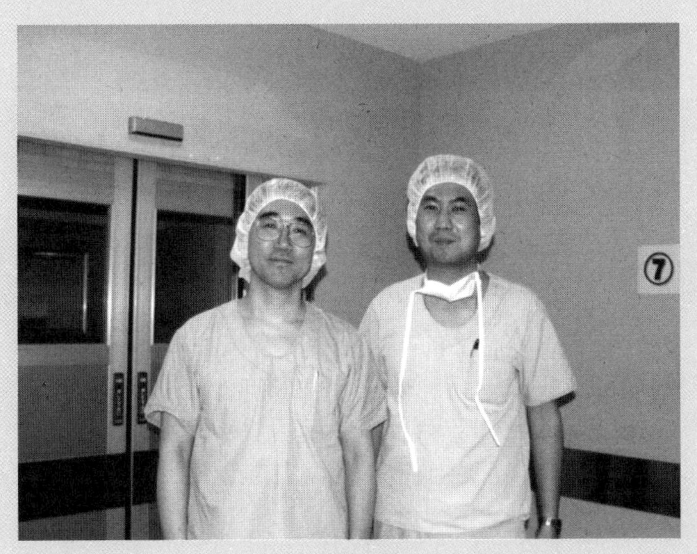


○ 일본 연수

K-돌봄이 선진국의 돌봄 수준에 도달하도록 혼신의 힘을 바칠 것이다.

## 시대정신을 거스르는 정치를 바꿔야 한다

Q 윤석열 정권에 대한 이야기를 하지 않을 수 없습니다. 민주당을 선택했는데, 윤석열 대통령에 대해서는 어떻게 평가하십니까?

강청희 저는 한마디로 무책임하다고 봐요. 왜냐하면, 국민이 그래도 어떤 기대를 가지고 일국의 대통령으로 선출하지 않았습니까? 그렇게 선출된 사람으로서 전체 국민에 대한 책임이 있는데 반쪽 국민에 대한 책임만 지고 가기 때문에 상당히 무책임한 거죠. 자기편 아니면

다 적이라고 여기는 듯합니다. 무시하거나 탄압하거나 둘 중 하나죠. 그런 태도를 갖는다면 굉장히 잘못된 반쪽짜리 정부이고 무책임한 대통령이라고 생각합니다.

Q 대통령의 태도나 자세에 대해서는 어떻게 봅니까?

강청희 개인의 다듬어지지 않은 부분이기 때문에 말하긴 그렇지만, 좀 기대 이하라고 봐야죠. 너무 안하무인 같지 않습니까? 국민을 섬기지 않는 자세가 본인의 태도에서 나오고 있습니다.

문재인 대통령도 그렇고 노무현 대통령도 그렇고, 대통령이라는 선출직은 자신을 뽑아준 국민을 모시는 머슴이라는 생각을 항상 갖고 일했다고 봅니다. 그리고 국민이 주권자라는 인식이 바탕을 이루었습니다.

그런데 윤석열 대통령은 과거의 제왕적인 권한을 시대착오적으로 행사하려는 느낌이 태도나 언행에서 나타나기 때문에 상당히 거부감을 주죠.

그리고 잘못한 것에 대해서 반성하고 시인하고 사과

하면 되는데 그런 모습은 거의 안 보이는 것 같아요. 그걸 할 줄 모르는 사람이라고 봅니다. 저는 그 이유를 직업적인 면에서 봅니다. 검사들이 남의 죄는 잘 추궁하지만, 자신을 깨끗하게 가다듬는 사람은 별로 없지 않습니까?

전체 검사가 다 그렇지는 않겠지만 검사들도 문제를 일으킬 때가 많잖아요. 지금 수사 중인 50억 클럽의 박영수나 검사 출신 곽상도 국회의원도 죄인들을 얼마나 인간 이하로 취급했겠어요? 범죄를 저질렀다는 이유로 말이에요. 그런데 본인들이 그런 짓을 하잖아요. 범법행위를 한단 말이죠. 그리고 법망에서 교묘하게 빠져나가잖아요. 법을 아니까요. 그게 가장 큰 문제죠. 또 검찰이 같은 검찰 출신을 좀 봐주는 게 뻔히 보이잖아요.

사실 의사들도 의사들끼리 봐주기도 해요. 뭐 농담으로 하는 말이지만, 히포크라테스 선서에 동업자를 보호하라는 게 있긴 해요. 그렇지만 검찰은 '검사 동일체' 운운하는 게 마치 조폭 같아요. 그래서 제가 볼 때는 그런 것 때문에 직업적인 면에서 오는 도덕 불감

증을 불러일으키는 것 같습니다. '나는 이래도 되는 사람이다.', '나는 이래도 괜찮다.' 하고 생각하는 거죠. 그러니까 반성을 안 하는 거예요.

Q 지금 검찰 독재 정권 아니냐 하는 비판이 있지 않습니까? 검찰들이 주요 요직을 다 장악하고 있잖아요. 특정 직역 출신의 사람들이 이렇게 주요 직책을 다 차지하는 것은 상당히 심각한 문제 아닙니까?

**강청희** 일반 시민들이 그런 얘기 많이 하잖아요. 무신 정권 보는 것 같다. 고려 시대에 정중부가 난을 일으켜서 무신 정권 만들었을 때 권력의 핵심을 모두 무신들이 차지하게 되잖아요. 왜냐하면, 자기가 아는 사람이 그 사람들밖에 없으니까요. 이 시대나 마찬가지죠. 검사 출신이 어쩌다가 대통령이 됐는데 정치를 안 해본 사람이잖아요. 그래서 자기가 아는 사람을 갖다 놓을 수밖에 없죠.

Q 좀 가까운 사례로 보면 과거 군부 독재와 비슷하지

않습니까? 그때 군인들이 득세하지 않았습니까?

**강청희** 제가 보기에는 개념이 좀 다른 듯합니다. 고려 무신정변 이후에 처음으로 우리나라에서 군사 독재가 들어선 거잖아요. 그런데 그때 군부가 성공할 수 있던 이유는 시스템을 관리할 수 있는 조직 관리 경험을 가진 사람이 당시에는 군인밖에 없었기 때문이에요. 그래서 성공한 겁니다. 제가 볼 때는 군대라는 조직을 관리해왔기 때문이에요. 우리 아버지도 군인이었지만, 조직을 관리하고 관련 지식을 가지고 행정을 할 수 있는 기능을 갖고 있는 조직이나 세력이 당시에는 군인이었어요. 군인이 제일 앞서갔기 때문에 군사 독재가 가능했던 거죠. 그러나 지금 대한민국 국민은 그 당시의 수준이 아닙니다.

Q 지금 천주교 일부, 즉 정의구현사제단에서 윤석열 정권을 비판하는 집회를 하고 있는데, 그 미사 내용을 들어보면 지금의 검찰 독재는 과거의 군부 독재보다 더하다는 비판이 있어요. 그리고 군부 독재 시절에는

그래도 경제는 좀 했는데 이 정권은 경제도 엉망이라고까지 이야기하거든요.

강청희 왜 전문가의 생각을 받아들이지 않는 건지 이해가 안 돼요. 경제 정책의 대안이 없잖아요. 지금 경제팀의 면면을 보면, 과거 논란을 일으켰던 론스타 책임자까지 참여하고 있지 않습니까? 그런 사람들이 지금 실권을 휘두르고 있고요. 대통령 비서실장도 경제 출신인데, 과거에 경제를 말아먹었던 사람이라고 소문났잖아요. 그런 사람들이 지금 자기끼리만 하기 때문에 문제가 되는 것 같아요. 학계에 있는 사람들과 함께 소통하고, 야당과도 소통하며 보폭을 넓게 펼치며 가야 하는데 너무 좁은 범위에서 자기네 고집대로만 가니까요.

Q 그런 게 문제인 것 같아요. 예를 들면 노동 개혁을 얘기하는데, 물론 노조의 문제점도 있죠. 개혁할 게 있습니다. 그런데 과도하게 노조만을 때린단 말이죠. 사실 경제적 불평등의 핵심은 임금 격차입니다. 대기업

의 중소기업 납품가 후려치기 때문에 중소기업들이 다 골병들고 있는 것이거든요. 이윤을 보장하지 않으니까 임금을 싸게 줄 수밖에 없는 거예요. 중소기업들의 이런 문제를 어떻게 개선할 거냐와 노조 개혁이 같이 움직여야 하는데 재벌이나 대기업 쪽 구조에 대해서는 손도 안 대고 있으니까 파열음이 클 수밖에 없다는 거죠.

**강청희** 예전에 VIP 행사에 초대받은 적이 종종 있었습니다. 한번은 삼성카드 행사에 갔다가 깜짝 놀란 적이 있어요. 기획재정부 출신 관료가 삼성그룹은 아주 좋은 회사이고 우리나라를 끌어가는 기업이라면서 삼성 없어지면 나라 망한다는 논리로 계속 얘기하더라고요. 기획재정부 관료였던 사람 중 완전히 대기업 장학생도 있어요. 그런 관료들이 퇴직 후 대기업 임원으로 가는 경우도 많이 있잖아요. 삼성 임원으로도 갑니다. 대기업이 외국에 유학도 보내주고, 심지어 그 자식도 보내준다고 하더라고요. 그런 고리를 끊지 않으면 참 힘들겠다고 생각했어요.

VIP 행사 주최 측에서 참석자들에게 선물로 캘리그라피 글씨를 써주길래 우리는 "사람이 먼저다"를 쓰자고 그랬어요. 그래서 그렇게 썼는데, 다들 이상하게 보더군요. 같은 자리의 기획재정부 관료 출신은 "꽃길만 걷게 해주세요"라고 쓴 거예요. 생각이 참 많이 다르다는 걸 새삼 느꼈죠.

Q 어쨌든 민주당이 거대 야당이고 국회에서 지금 과반이지 않습니까? 지난 총선 때 180석이었죠. 지금은 이래저래 다소 줄었지만 큰 정당인데, 나라가 잘 돌아가려면 야당과 협조할 것은 협조하면서 끌고 가야 이 나라가 제대로 갈 수 있잖아요. 하지만 대통령이 야당 대표와 영수 회담을 한 번도 하지 않았어요. 어떻게 보면 무시를 넘어서 탄압한다고 할까요? 야당에서는 그렇게 느낄 만할 것 같아요. 야당과 관련한 여러 사건이 너무 많이 터지니까요. 지금 건강한 여야 관계가 형성이 안 되고 있어요. 이 부분도 큰 문제가 아닐까요?

**강청희** 근소한 차이로 대통령에 당선됐으면 겸손하게 손을 내미는 제스처를 취해야죠. 그런데 그렇게 할 만한 사람이 못 되니까 지금 이런 상황이 된 게 아니겠어요? 야당도 책임질 부분이 있죠. 야당은 야당대로 정책을 선도할 수 있잖아요. 다수당이잖아요. 물론 대통령이 거부권을 행사해서 막혀 있긴 하지만요. 법은 각자의 입장에 따라 논란이 있을 수 있으니까요.

하지만 야당은 대통령이 거부권을 행사할 수 있는 빌미를 주지 않는, 정말 국민 모두를 보호하는 정책을 만들어서 입법 활동도 활발하게 해야 합니다. 그리고 대통령이 잘못하는 것을 제대로 알려야 국민이 "대통령은 뭐하냐?"고 강력하게 비판하겠죠. 그런데 지금은 대결 구도에서 안 만나준다는 문제만 얘기하면 안 될 것 같습니다.

또 대통령이 야당 대표를 안 만나는 핑계로 대는 게 "범죄자는 안 만나겠다."는 거잖아요. 그럼, 진짜 범죄자라면 잡아가든지요. 사실 범죄자로 확정이 된 것도 아니잖아요. 재판 중이고, 무엇보다 무죄 추정의 원칙이 있지 않습니까? 그런데도 범죄자라고 못 보겠다는 것 아니에요. 그렇게 따지면 윤석열 대통령 가족 중에 장모도 구속됐었고, 처남도 기소됐잖아요. 이렇게 말이 안 되는 소리를 하면서 만남을 피하고 있는데, 민주당이 좀 더 적극적으로 다수당답게 나서야 한다고 생각합니다.

# 의료 상업주의를 넘어

# K-돌봄을 위한 정치적 선택

Q 주변에 윤석열 대통령 찍었던 분들 제법 있잖아요?

**강청희** 손가락 자르고 싶답니다. 그런 이야기를 많이 들어요. 설마 했대요. 그리고 윤석열 대통령은 문재인 대통령이 검찰총장으로 뽑아준 사람이잖아요. 민주당 지지자 중에서 윤석열 대통령이 비록 국민의힘에서 후보로 나왔지만, 우리 쪽일 거라는 생각을 하는 사람도 꽤 있었어요. 심지어 이쪽에서 시킨 사람 아니냐고 생각한 사람도 있어요. 그런데 지금 하는 걸 보면 아닌

게 너무 증명돼서 고개들을 돌리죠.

Q 의사 중에서 윤석열 대통령 찍은 분들이 많을 듯한데요. 그중에서 후회하는 분들이 있습니까?

강청희 대다수가 윤석열 후보를 찍었죠. 그런데 후보 캠프에 들어갔던 친구조차 후회해요. 전문가로서 역량을 발휘할 기회를 안 줘서요. 안 주잖아요. 지금 보면, 검사들이 주요 위치를 차지하고 있잖아요. 전문성을 별로 중요하게 생각하지 않는 것 같아요.

Q 그런 면에서는 관료들도 불만이 좀 있을 것 같아요.

강청희 관료들은 지금 완전히 엎드리고 있어요. 아무것도 안 해요. 얼마 전에도 보건의료 정책실장이 잘렸잖아요. 왜 잘렸는지 아무도 몰라요. 신문에도 안 나오더라고요. 지금 하루아침에 중앙부처 실장급을 직위 면직할 수 있는 정권은 윤석열 정권밖에 없습니다. 관료는 큰 잘못이 아니면 안 자르잖아요. 성범죄나 중범죄를 저

지르거나 개인 비리가 아니고서는 자르지 않죠. 이번 건은 뭔지 모르겠어요. 나중에 나오는 걸 봐야죠. 그만큼 국민의힘 정권은 공무원 길들이기를 잘한다는 뜻이기도 해요. 민주당 정권에서 못했던 공무원 길들이기를 국민의힘 정권은 밥 먹듯이 하고 있어요. 그렇기 때문에 유지가 되는 거고요.

Q 지금 공무원들이 납작 엎드리고 있고 시키는 것만 하는 거잖아요. 한마디로 복지부동인데 그 사람들도 총선 때는 다 판단할 거 아닙니까?

강청희 총선 때는 판단하겠죠. 시대적 흐름에 너무 안 맞고 역행하면 반발이 생길 수밖에 없습니다. 쭉 지켜보는데 지금은 무서우니까 말은 못 하지만 내가 표로써 심판하겠다고 말이죠. 공무원 표가 원래부터 민주당 표가 많아요. 제가 옛날부터 보면 한 6 대 4 정도는 되는 것 같아요. 캠프에 들어가는 사람들도 국민의힘은 얼마 안 되더라고요. 민주당보다 오히려 적어요.

Q 최근에 어떤 고층 아파트 광고에서 "언제나 평등하지 않은 세상을 꿈꾸는 당신에게 바칩니다"라는 카피를 내걸었어요. 옛날에는 사람은 평등해야 한다는 개념을 중요하게 생각했습니다. 그런데 이 카피를 보면, "고층 아파트 사는 사람인 너는 다른 특별한 존재야"라고 말하는 셈이잖아요?

강청희 이런 카피가 나타나는 것을 보면 정말 세상이 변한 거죠. 불평등을 부채질하는 건데요. 나라가 그렇게 가고 있으니까 그런 카피가 나오는 거예요. 사람들을 자꾸 호도하는 거죠. 그게 선전 선동이에요. 지금 심각해졌다니까요. 이제는 의식 구조가 그렇게 바뀌고 있어요.

Q 예전에 이명박 정부 때 2009년 들어서면서 나왔던 그 유명한 카피가 "부자 되세요!"였잖아요?

강청희 부자 아니면 다 죽으라는 건지 참 어이없는 거죠. 욕망을 자극하는 정치가 전면에 등장하니까 그런 카피가 나오는 거예요. 그런데 이렇게 흐름이 바뀌면 지방 자치 슬로건도 바뀌어요. 심지어 이런 것도 있었어요. 예전에 용인시장이 새누리당 출신이었어요. 슬로건에 사람 얘기가 나왔어요. “사람들의 용인”이라고요. 문재인 정부가 들어선 뒤예요. 그것 말고도 청년 랩, 여성 특례시 등 시대적 흐름의 변화나 누가 정권을 잡느냐에 따라서 많이 바뀌죠.

그런데 시대정신에 역행하는 것도 있어요. 그렇게 욕망을 자극하고 불평등을 조장하는 카피가 나오지만, 지금 애를 안 낳고 자살률도 높잖아요. 사람들이 고통스럽고 괴로워하는 거는 더 심해졌어요. 오죽하면 지금 너무 많은 수의 정신과가 개원해요. 뉴스에도 나왔잖아요. 응급은 다 줄어드는데 정신과가 특히 대치동에 어마어마하게 많아요. 또 저출산 때문에 소아과는 줄었고요. 그런데 소아과가 줄고 나니까 부모들이 난리예요. 소아과가 너무 많이 줄어버린 바람에 100명 넘게 대기한다잖아요. 의사들은 소아과를 가면 돈이 안 되니까 또 기피하고요. 게다가 저출산 때문에 앞으로 더 인기가 없을 거라고 하더라고요. 그런데 정신과가 제일 많이 늘었다고 하죠.

Q 개인적으로 존경하는 정치인 누구입니까?

**강청희** 원래는 없었어요. 그런데 요즘 그런 질문들을 많이 받아서 생각해봤더니 노무현 대통령이 생각나더라고요. 제일 가슴에 와닿는 분이에요. 그분은 마음이 따뜻하고요. 그다음에 국민을 무서워하고요. 마지막으로 솔직한 분이죠. 특히 그렇게 솔직한 정치인이 별로 없어요. 잘못했으면 잘못했다고 얘기를 하잖아요. 또 국민을 무서워했으니 연정 얘기하고 그랬잖아요.

국민을 무서워한다는 것은 그만큼 존중하고 위해야 한다는 것이거든요. 지금 돌이켜 생각해 보면 대통령이 뭐가 아쉬워서 연정을 얘기해요? 국민의 이익을 중심으로 생각하신 거죠. 그런데 국민을 위한 정책이 잘 추진되지 않으니 권력을 나누려고 한 거잖아요. 본인이 생각했던 정치가 당시에 박근혜 대표가 있었던 야당이 반대하는 바람에 실현되지 않고 국민이 피해를 보니까 이 문제를 내가 양보하더라도 풀어야겠다,

나라와 정치를 발전시키기 위해서라도 권력을 나눠야겠다고 말이죠. 그래서 존경하게 됐어요.

Q 정치 입문과 관련해서 더 하실 말씀 없습니까?

**강청희** 제가 그전에 비례대표에 도전했던 아픈 기억이 있습니다. 그때는 사실 지금보다는 세상을 많이 몰랐을 때 순수한 마음으로 한 것이죠. 그다음에 제가 한국공공조직은행장을 하면서 국정감사를 겪었는데 그때 '멀쩡한 사람도 죄인이 될 수 있겠구나.'라는 생각을 하게 됐어요. 정치적인 논리에 따르면 서로 아무 이해관계가 없는 사이이고 나와 원한 관계에 있는 사람들도 아니었습니다. 그런데 단지 제가 민주당 출신이라는 이유 하나로 사람을 이렇게 아주 파렴치한으로 만들려고 했습니다. '이럴 수도 있겠구나.' 하는 위기의식을 가지게 됐습니다. '이게 과연 정치인가?'라는 생각을 하게 됐고요. 이러한 우리나라 정치가 과연 맞는지 회의가 들었습니다.

정치라는 건 결국 국민을 중심에 둬야 하는데 우리나

라 정치는 사익에 중심을 두잖아요. 우리 계파, 우리 당, 또 우리 그룹 등의 이익을 위해서 정치가 이루어지는 모습을 보고 옳지 않다고 생각했습니다.

저는 국민이 중심이 되는 정치를 한번 해봐야겠다는 생각이 가장 큽니다. 떳떳한 정치를 해야겠다는 거죠. 떳떳한 정치를 하려면 제가 살고 있는 지역에서 나와서 새롭게 도전해야 합니다. 이 도전에 성공하면 떳떳하게 정치할 수 있는 거니까요.

그다음에 돈 쓰지 않는 정치를 하고 싶습니다. 물론 가진 돈도 별로 없지만 비굴하게 남한테 표를 사면서까지 정치하고 싶지 않다는 게 제 원칙이라서 그걸 한번 실현할 수 있는지 이번 총선에서 가늠해보고 싶습니다. 그만큼 노력을 많이 해야겠죠.

# 돌봄도 강남이다!

강남을 치유하는 의사 강청희

강청희 지음



초판 1쇄 인쇄일 2023년 12월 15일
초판 1쇄 발행일 2023년 12월 22일

ISBN 979-11-5706-325-3 (03300)

만든 사람들

기획편집 에디터스랩
디자인 푸른나무디자인
홍보 마케팅 최재희 신재철 김예리
인쇄 천광인쇄사

펴낸이 김현종
펴낸곳 ㈜메디치미디어
경영지원 이민주 김도원
등록일 2008년 8월 20일 제300-2008-76호
주소 서울시 중구 중림로7길 4, 3층
전화 02-735-3308
팩스 02-735-3309
이메일 editor@medicimedia.co.kr
페이스북 facebook.com/medicimedia
인스타그램 @medicimedia
홈페이지 www.medicimedia.co.kr